BOA VIAGEM!
UM GUIA DE SAÚDE PARA SUA VIAGEM

L&PM POCKET SAÚDE
Editor da série: Dr. Fernando Lucchese

Boa viagem! – Dr. Fernando Lucchese
Comer bem, sem culpa – Dr. Fernando Lucchese, José Antonio Pinheiro Machado e Iotti
Desembarcando a hipertensão – Dr. Fernando Lucchese
Desembarcando a tristeza – Dr. Fernando Lucchese
Desembarcando o colesterol – Dr. Fernando Lucchese e Fernanda Lucchese
Desembarcando o diabetes – Dr. Fernando Lucchese
Desembarcando o sedentarismo – Dr. Fernando Lucchese e Cláudio Nogueira de Castro
Dieta mediterrânea – Dr. Fernando Lucchese e José Antonio Pinheiro Machado
Fatos & mitos sobre sua saúde – Dr. Fernando Lucchese
Filhos sadios, pais felizes – Dr. Ronald Pagnoncelli
Mais fatos & mitos sobre sua saúde – Dr. Fernando Lucchese
Para entender o adolescente – Dr. Ronald Pagnoncelli
Pílulas para prolongar a juventude – Dr. Fernando Lucchese
Pílulas para viver melhor – Dr. Fernando Lucchese
Sexo: muito prazer – Laura Meyer da Silva

Dr. Fernando Lucchese

BOA VIAGEM!
UM GUIA DE SAÚDE PARA SUA VIAGEM

www.lpm.com.br

L&PM POCKET

Coleção **L&PM** POCKET, vol. 836

Texto de acordo com a nova ortografia.
Este livro foi publicado pela L&PM Editores em formato 11,5 x 21 cm em 2003
Primeira edição na Coleção **L&PM** POCKET: outubro de 2009
Esta reimpressão: março de 2010

Capa: Marco Cena
Preparação: Sandro Andretta
Revisão: Patrícia Yurgel e Lia Cremonese
Pesquisa: Sílvia Muller de Moura
Organização: Márcia Assumpção
Ilustrações do item Imobilidade Prolongada: República das Idéias

CIP-Brasil. Catalogação-na-Fonte
Sindicato Nacional dos Editores de Livros, RJ.

L967b

Lucchese, Fernando A. (Fernando Antônio), 1947-
 Boa viagem!: um guia de saúde para sua viagem / Fernando Lucchese. – Porto Alegre, RS: L&PM, 2010.
 192p. : il. – (Coleção L&PM POCKET, v.837)

 Apêndice
 ISBN 978-85-254-1982-8

 1. Viagens - Aspectos da saúde. I. Título. II. Série.

09-5368.	CDD: 613.68
	CDU: 613

© Fernando Lucchese, 2009

Todos os direitos desta edição reservados a L&PM Editores
Rua Comendador Coruja 314, loja 9 – Floresta – 90.220-180
Porto Alegre – RS – Brasil / Fone: 51.3225.5777 – Fax: 51.3221-5380

PEDIDOS & DEPTO. COMERCIAL: vendas@lpm.com.br
FALE CONOSCO: info@lpm.com.br
www.lpm.com.br

Impresso no Brasil
Verão de 2010

À Josiane, presença, apoio e carinho constantes.
Além disso, grande companheira de viagem.

Sumário

Apresentação – Luis Fernando Verissimo 9

CAPÍTULO 1
Que tipo de viajante você é? 11

CAPÍTULO 2
Embarcando com saúde 15

CAPÍTULO 3
Malas: um mal necessário 22

CAPÍTULO 4
O avião 43

CAPÍTULO 5
Cuidado! Futuro bebê a bordo 77

CAPÍTULO 6
Sou cardíaco, posso viajar? 80

CAPÍTULO 7
Sou portador de marcapasso, estou liberado para
    qualquer viagem? 85

CAPÍTULO 8
Uma saudável viagem de automóvel 88

CAPÍTULO 9
Uma saudável viagem de navio 95

CAPÍTULO 10
Segurança em viagens 106

CAPÍTULO 11
Seguro de viagem 113

CAPÍTULO 12
Criança, um viajante muito especial 116

CAPÍTULO 13
Viajando com animais 124

CAPÍTULO 14
Os vírus também viajam 134

CAPÍTULO 15
As doenças mais comuns em viagens (de A a Z) 138

CAPÍTULO 16
Documentos, vistos, vacinas e endereços úteis 166

CAPÍTULO 17
Sites com informações sobre viagens 180

CAPÍTULO 18
Sites de previsão meteorológica 182

CAPÍTULO 19
Sites de saúde em viagem 185

CAPÍTULO 20
Glossário português-inglês com palavras da área
       da saúde 186

Agradecimentos 189

Sobre o autor 190

Apresentação

Não saia de casa sem ele!

Unha encravada, pensei. O Lucchese não deve ter incluído unha encravada. O livro dele não pode ser tão completo assim. Mas não, lá estava ela, Capítulo 15, sob "Problemas com os pés". Unha encravada.

Não falta nada, portanto. Tudo que pode lhe acontecer numa viagem está neste livro. Mais: tudo que você precisa saber para viajar com conforto e segurança está neste livro, desde como fazer as malas até o que fazer se perder o passaporte, passando por como se comportar em aviões e como levar o cachorro. E escrito num estilo leve e atraente. Aliás, este é o único defeito do livro. Como você não poderá mais sair de casa sem ele, corre o risco de querer ficar no hotel lendo o livro em vez de na rua aproveitando a viagem.

Muitas pessoas que podem mas temem ou relutam em viajar na verdade não querem é se afastar dos seus sistemas de apoio e enfrentar o mundo e suas emergências longe do médico conhecido, ou pelo menos do socorro que fale a sua língua. Com este livro, acabou a desculpa. Ele é a segunda melhor companhia que você pode ter numa viagem. A primeira, claro, seria a do próprio dr. Lucchese.

Mesmo que não lhe acontecesse nada pior do que unha encravada.

Luis Fernando Verissimo

Capítulo 1

QUE TIPO DE VIAJANTE VOCÊ É?

Cada um de nós se porta de forma diferente em relação às experiências vividas em uma viagem. As reações são muito diferentes do comportamento usual. Porém, exacerbam-se algumas características pessoais que se tornam realmente exuberantes.

Os tipos de viajantes

Viajante caramujo
Num dos extremos, está o sujeito que viaja sem sair de casa. Estou me referindo àquele que leva consigo não apenas os objetos que fazem parte do seu cotidiano, como também sua forma de ser. Ele planeja minuciosamente cada etapa da viagem na esperança de escapar de qualquer tipo de imprevisto, por mínimo que seja. É como o caramujo, que leva a casa junto com ele. Não admite falhas ou perda de controle sobre todas as situações. Pode tornar-se extremamente inseguro diante da aventura.

Viajante irresponsável feliz
No outro extremo, está o viajante que não planeja absolutamente nada, não toma nenhuma providência. Ele parte, como na canção de Caetano Veloso, *sem lenço e sem documento*. E, no final, sempre acha que deu tudo certo.

Viajante sensato

O bom viajante, isto é, o viajante emocionalmente equilibrado, toma as providências práticas básicas antes de viajar. Esses cuidados incluem um *check-up* e outras medidas em relação à saúde, dinheiro e documentos, além de buscar informações históricas e práticas sobre o local de destino. O bom viajante sempre deixa, no entanto, um espaço em aberto para o inesperado, ou seja, para a aventura.

Viajante medroso

Muita gente tem medo de viajar. O sujeito fóbico máximo é aquele que, por tamanho horror ao desconhecido e ao imprevisto, nem consegue viajar. Nelson Rodrigues é um exemplo clássico desse tipo de viajante. A aversão do famoso dramaturgo carioca às viagens era tamanha que ele dizia, no exagero típico de suas criaturas: "Quando vou até o Méier [um bairro da Zona Norte do Rio de Janeiro] sinto imensas saudades do Brasil".

Viajante falador

Há também aquele viajante que gosta de levar vantagem em tudo e que depois volta contando vantagens. Coisas do tipo "Consegui entrar de graça naquele célebre museu onde até o Papa paga ingresso", "Em Istambul, enrolei o mercador de tapetes árabe e comprei um legítimo persa por uma bagatela"...

Viajante experiente

Faz questão de mostrar-se experiente, vivido. Geralmente usa gravata e paletó e porta uma pasta da qual nunca se separa. No avião, assim que é permitido, empunha seu *laptop* para não perder tempo e gerar mais ideias.

Viajante humorista

É um tipo estranho, que se revela geralmente em grupos maiores, onde encontra plateia. Faz graça de tudo e de todos e procura sempre chamar a atenção. Quando respeita seus limites, pode ser uma boa companhia. Caso contrário, é um chato de galocha.

Viajante agressivo reclamador

É um tipo muito comum. Em geral é inexperiente em viagens, reclama de tudo que lhe parece imperfeito ou de eventuais mudanças ou adaptações nos planos. Reclama do atraso do avião, do assento que lhe coube, da comida, do cansaço da viagem etc. É, antes de tudo, um chato.

Viajante em grupo

Existe gente que só viaja em grupo. A viagem em grupo também é uma defesa contra as ansiedades e imprevistos. O viajante se acha protegido em grupo. Na verdade, usa o grupo como uma redoma para se proteger contra os imprevistos, para se sentir seguro. Quem nunca sai dessa redoma acaba comprometendo uma das coisas mais fascinantes nas viagens: o contato direto com outra cultura, outro povo, outra visão de mundo.

Viajante descobridor

A viagem também é uma forma de estabelecer contatos com outras culturas, de conhecer outros povos. Viaja-se para escapar do dia a dia, mas também para descobrir e conhecer outros costumes, outras línguas. Viaja-se, enfim, para sair de si mesmo, para buscar uma visão mais ampla e mais generosa do mundo.

O que a viagem faz por você?

Ao mesmo tempo, a descoberta de novos povos, de um novo jeito de encarar o mundo, também representa uma viagem interior. O viajante que se deslumbra e se comove ao penetrar em outra cultura, ao descobrir outros valores, também realiza uma viagem para dentro de si mesmo. Uma viagem da qual sairá, com toda a certeza, um ser humano mais tolerante, mais generoso, mais solidário, mais aberto. É por isso que todas as viagens enriquecem o ser humano. E o fazem crescer.

Capítulo 2

EMBARCANDO COM SAÚDE

A saúde é o tipo de coisa que mostra seu valor quando a perdemos. E o cúmulo do azar é perder a saúde durante uma viagem de lazer, quando supostamente estamos nos divertindo. Mas, infelizmente, isso acontece, e precisamos estar preparados.

Este livro pretende dar-lhe algumas dicas de como superar a desagradável surpresa da doença em viagem e também de como evitá-la. Às vezes, seremos detalhistas, mas compreenda: em questões de saúde, todos somos, um dia, marinheiros de primeira viagem.

Melhor pensar antes do que remediar

Talvez a melhor explicação para a audácia do ser humano em desafiar a doença seja o fato de sempre acharmos que não acontecerá conosco.

Frases como *"Estou me sentindo muito bem"*, *"Sou forte"* e *"Não sinto nada"* já antecederam muitos funerais.

O segredo está em antecipar-se, em preparar-se, não permitindo que a vida nos leve ao sabor de sua correnteza. Se você não tem o hábito de fazer *check-up* anual, a proximidade de uma viagem é um bom momento para corrigir esse erro.

Procure seu médico e pergunte: *"Estou em condições de viajar? Posso fazer qualquer esforço, comer qualquer comida, andar qualquer distância, carregar qualquer mala, discutir com qualquer taxista que tente fazer o trajeto mais longo?"*

Uma viagem exitosa começa por um bom *check-up*

Faça teste de esforço, exames de sangue que incluam hemograma, colesterol, HDL, LDL, triglicérides, ácido úrico, glicose, exame comum de urina etc.

Se você for portador de um problema específico, deve revisá-lo antes de viajar. Quem tem problemas de tireoide, por exemplo, deve repetir o exame de hormônios (T3, T4, TSH).

Quem for diabético deve certificar-se do controle da glicose e da hemoglobina glicosilada.

Os homens devem dar atenção à consulta periódica da próstata, e as mulheres ao exame ginecológico anual.

Os hipertensos precisam certificar-se de que seus remédios estão tendo sucesso em manter a pressão arterial estável.

Aproveite para verificar dores antigas. Aquela velha dor na mão, por exemplo, pode levá-lo a um hospital no exterior após carregar algumas malas.

Aquela dor de dente negligenciada pode reaparecer nos piores momentos. Por isso, uma ida ao dentista antes de viajar também é muito importante.

E a consulta anual com seu oftalmologista? Não esqueça que você usará muito seus olhos durante a viagem. Óculos atualizados e em duplicata são a garantia de uma viagem tranquila.

✓ **Mas, cuidado! Não faça procedimentos mais invasivos muito próximo de viajar. Uma cirurgia, mesmo que pequena, mas ainda recente, pode atrapalhá-lo, e muito.**

Certifique-se de que seus problemas de saúde já identificados estejam sob controle. Por exemplo, você é diabético? Se for, leve consigo a medicação, previna-se com sua dieta, **peça uma dieta especial à companhia aérea ou marítima que for transportá-lo** e não fique muitas horas sem se alimentar.

As dietas especiais normalmente devem ser solicitadas com 24 horas de antecedência. Há uma grande variedade de dietas disponíveis, atendendo exigências terapêuticas, tendências filosóficas ou religiosas, etnia e idade do viajante (veja detalhes mais adiante).

Se você convive com um problema de saúde há tempos, a permissão que seu médico lhe deu para viajar não significa que você já esteja curado. Continue executando os mesmos cuidados que aprendeu com o médico ou que a experiência com a doença lhe mostrou serem adequados na sua vida diária. E não mude sua dieta.

Não mude medicamentos às vésperas da viagem. Não faça experiências. Use e leve consigo os medicamentos tradicionais, que você e seu organismo já conhecem.

✓ **A propósito: compre medicamentos suficientes para toda a viagem e leve uma receita de seu médico, além de um laudo resumido com o nome de sua doença, os cuidados e os medicamentos que deve tomar. Se for para o exterior, peça ao seu médico o laudo em inglês.**

Imagine como facilitará a vida do médico que porventura tiver de examiná-lo em uma situação de emergência, o fato de ter prontamente o diagnóstico e informações sobre o seu caso.

✓ Remédios devem ser transportados na bagagem de mão. A bagagem que é despachada pode não chegar ao destino, e o horário dos medicamentos é sagrado. Não conte com a sorte. Previna-se!

Não esqueça, antes de viajar...

Além do check-up e dos cuidados com sua saúde, procure resolver qualquer pendência que possa vir a incomodá-lo. Contas a pagar, organização da casa durante a ausência, planejamento das atividades do escritório, distribuição de tarefas, previsão de movimentação bancária, adiamento de compromissos menos importantes.

Além disso, a previsão dos cuidados com os filhos e até com o animal de estimação é outro dos fatores de sucesso em uma viagem.

Tome cuidados antecipados em relação à sua casa. Desligue eletrodomésticos, certifique-se de que a segurança contra roubos ou sinistros esteja organizada. Deixe a chave com um parente próximo para o caso de ser necessário entrar durante sua ausência.

Tudo isso parece tão longe de sua saúde, mas pode ser motivo de estresse quando, à distância, você se der conta de estar irremediavelmente desorganizando sua vida com a viagem. Aí o lazer transforma-se em pesadelo, e isso é ruim para sua saúde.

Antes de viajar

❶ Organize sua vida durante o período de ausência para poder aproveitar sua viagem com tranquilidade

❷ Planeje adequadamente sua viagem. Faça reservas de hotel, carro, passeios turísticos etc. com o agente de viagens da sua confiança
❸ Reserve seus assentos no avião
❹ Faça a solicitação de sua dieta especial à companhia aérea
❺ Pague suas contas. Combine com alguém como resolver sua vida financeira durante sua ausência
❻ Organize a segurança de sua casa ou apartamento durante os dias em que estiver fora
❼ Leve anotados os telefones úteis de que você poderá precisar
❽ Leve em mãos um atestado médico e a receita do medicamento em uso
❾ Confira seu passaporte e outros documentos
❿ Compre dólares, euros ou a moeda do país que você estará visitando

Algumas dicas para telefonar do exterior a cobrar ou com cartão

Não esqueça o número das operadoras internacionais de telefonia (Embratel etc.) para chamadas a cobrar para o Brasil. Você será atendido em português, o que pode ser uma vantagem.

No exterior, siga as seguintes instruções:
1º: Disque o código de acesso
2º: Escolha o idioma (português ou inglês)
3º: Escolha a opção de ligação:
- Automático: código da cidade + número do telefone
- Cartão pré-pago: número do cartão + idioma + 0 + DDD + número do telefone

- Cartão pós-pago: número do cartão + senha + 0 + DDD + número do telefone
- Auxílio do operador

Códigos de acesso no exterior

País	Código
África do Sul	0800 99 00 55
Alemanha	0800 080 00 55
Angola	080 8551
Argentina	0800 999 55 00
	0800 999 55 01
Austrália	1 800 881 550
Áustria	0800 200 255
Bélgica	0800 100 55
Bolívia	800 100 055
Canadá	1 800 463 66 56
Chile	800 360 220
	800 800 272
China	108 550
Chipre	800 93 291
Cingapura	800 055 05 50
Colômbia	01 800 955 00 10
	01 800 555 12 21
Coreia do Sul	00 788 055
	00 309 551
Costa Rica	0 800 055 10 55
Dinamarca	800 885 525
Equador	1 999 177
Eslováquia	0800 005 500
Espanha	900 990 055
Estados Unidos	1 800 344 10 55
	1 800 283 10 55
Filipinas	105 255

Finlândia	0800 110 550
Formosa	0080 1550 055
França	0800990055
Grécia	0080016122054194
Guiana Francesa	0800990055
Holanda	08000220655
Hong Kong	800960055
Hungria	0680005511
Israel	1809494550
	1809205555
Itália	800172211
Japão	00539551
	004411551
Luxemburgo	080020055
México	018001230221
Mônaco	80090055
Nicarágua	163
Noruega	800 195 50
Nova Zelândia	000 955
Panamá	008000175
Paraguai	00855800
Peru	080050190
Polônia	008004911488
Portugal	800800550
Reino Unido	0800890055
	08000567442
República Dominicana	18007518500
Rússia	81080020971049
Suécia	020799055
Suíça	0800555251
Uruguai	000455
Venezuela	08001001550

Capítulo 3

MALAS: UM MAL NECESSÁRIO

Apesar de haver pessoas que têm um enorme prazer em preparar malas e, depois, carregá-las, elas são a exceção. De modo geral, a maioria odeia malas e o que elas significam.

Foi-se o tempo em que o conjunto de malas de uma família era a demonstração de seu status social. Hoje as malas preferidas são as leves, resistentes e baratas; ou seja, podem ser perdidas pelas companhias aéreas sem causar dor ou pânico.

Fazer as malas com antecedência é um hábito salutar, pois evita as confusões estressantes de última hora e os inevitáveis esquecimentos. Mesmo viajantes experimentados às vezes terminam comprando no caminho o que dispõem fartamente em casa, em seu guarda-roupas.

Doze regras básicas para um início de viagem saudável

Regra nº 1: Não faça as malas na última hora. Se você quer evitar sobressaltos, faça suas malas com antecedência.

Regra nº 2: Para evitar contratempos causados por malas semelhantes, identifique a sua. Transforme-a em algo que só você queira. Personalize-a com um laço colorido na alça ou compre-a na cor mais inusitada possível. Aquela deve ser a sua mala! Além disso, coloque em suas malas etiquetas resistentes que mostrem seu nome, endereço e telefone. Faça o mesmo na parte interna com um adesivo que contenha seu endereço completo e a forma de encontrá-lo caso sua mala seja extraviada. E passe cadeado em todas as aberturas que ela tiver. Os mais recomendáveis são os que utilizam um número de memória, sem o uso de chaves, que facilmente são perdidas. Mas cuidado: não use na programação do número do segredo sua data de aniversário ou outros números previsíveis. Prefira o aniversário de sua sogra, pois este, sim, será realmente um código secreto. Outra proteção adicional para a bagagem é o envelopamento em plástico, chamado Protec Bag, hoje existente em todos os aeroportos.

Regra nº 3: Não esqueça, ao fazer as malas, que você terá de carregá-las depois. O conteúdo de suas malas é algo que exige profunda reflexão e planejamento.

✓ **Os jovens têm dado o exemplo de como viajar com poucos pertences. A era das mochilas certamente está criando uma nova geração de viajantes leves. O risco consequente é a superlotação das cabines dos aviões, pois cada vez menos pessoas despacham sua bagagem no balcão. Malas *carry on*, aprovadas pela IATA (International Air Transport Association), são cada vez mais comuns. Três problemas são facilmente identificáveis. Primeiro, os aviões estão pouco preparados para essa avalanche de bagagens de mão que está surgindo. Segundo, as pessoas estão fazendo mais esforço ao carregar sua própria bagagem para dentro do avião e ao tentar acomodá-la no maleiro sobre seus assentos. Isso talvez explique os impressionantes números divulgados pela IATA, que mostram uma significativa superioridade do número de óbitos por doenças cardíacas em voo do que por acidentes aéreos. Em terceiro lugar, o aumento do número e da intensidade dos procedimentos de segurança após os atentados terroristas de 11 de setembro** de 2001 em Nova York levou a uma grande restrição do uso de bagagens de mão. Além disso, há procedimentos repetidos de revisão da bagagem, o que torna a viagem desconfortável e, por vezes, desagradável.

Inevitavelmente, somos forçados a concluir que o viajante leve é inteligente, ágil e sempre mais bem-sucedido. Os viajantes pesados começam seus problemas ainda em casa, ao transferir suas malas do quarto para a porta da rua.

✓ **Antes de selecionar as roupas necessárias para uma viagem, devemos associar três variáveis: 1ª) o número de dias da viagem; 2ª) o clima e a temperatura do local de destino; 3ª) as necessidades impostas pelos motivos da viagem, como recepções, jantares formais etc.**

O número de dias tem sido a forma de seleção de viajantes experientes, que mantêm em seu computador pessoal uma lista de pertences necessários para viagens de um dia, três dias, uma semana ou mais, correlacionando-os com o tamanho e o tipo de mala etc.

Sem querer sofisticar demais o simples ato de fazer as malas, podemos, hoje, obter informações muito precisas sobre a temperatura e a previsão meteorológica de qualquer região do mundo.

Há um canal nas redes de TV a cabo que se constitui em excelente meio de consulta para antes de qualquer viagem. E pela internet há várias formas de acesso a essas informações.

✓ **No Capítulo 18 você encontrará uma lista de *sites* da internet com informações sobre o tempo em qualquer região do mundo.**

Os problemas gerados pela saída de um clima quente para uma região fria podem ser resolvidos simplesmente evitando carregar na mão capas e casacos pesados, o que tornaria desconfortável a locomoção no clima quente. Pode-se colocá-los por último em uma das malas e retirá-los já no aeroporto de chegada, antes mesmo de enfrentar a temperatura local mais baixa.

Regra nº 4: Malas de qualquer tipo e tamanho devem ter rodas. Puxar as malas sem ter que carregá-las todo o tempo é, sem dúvida, um avanço não desprezível. Hoje, inclusive, existem malas com quatro rodas, mais fáceis de serem conduzidas.

Regra nº 5: Pense antes de executar esforços físicos maiores do que você está acostumado. Principalmente se você for portador de algum problema cardíaco significativo ou de uma lesão ortopédica crônica.

Regra nº 6: Sempre leve na bagagem de mão o que é essencial para sua sobrevivência. Isso é importante para evitar o estresse da perda da sua bagagem despachada, fato infelizmente cada vez mais comum devido ao número crescente de bagagens transportadas pelas companhias aéreas. Malas extraviadas costumam ser reencontradas em até 48 horas. Mas você deve estar preparado para esperar muito mais ou talvez nem mesmo revê-las de novo, pois isso ocasionalmente acontece. Dentro desse prazo, porém, você inevitavelmente necessitará de uma ou duas mudas de roupa (camisa, roupa íntima, meias), material de higiene e, o que é mais importante: os documentos que você preparou para aquela primeira reunião agendada para o primeiro dia, o CD ou DVD que você necessitará logo de chegada. Tudo isso deveria ter viajado na bagagem de mão.

Regra nº 7: Seus remédios também devem viajar com você. Não os deixe em casa sozinhos, jamais!

Regra nº 8: Dinheiro, joias, objetos frágeis e artigos eletrônicos de uso pessoal devem ser levados como bagagem de mão. Evite o estresse, antecipe-se aos problemas, leve em uma pequena bagagem de mão o que for importante, irrecuperável, valioso ou absolutamente necessário. As chaves do apartamento que você alugou para as férias com sua família, por exemplo, serão necessárias logo na chegada. Não as "esqueça" dentro de nenhuma mala. Se você acha que não precisa se preocupar tanto com isso, aguarde junto ao carrossel de bagagens no desembarque de sua próxima viagem e observe os passageiros que sempre (mas sempre mesmo) ficam por ali após a chegada da última mala. Um dia um deles poderá ser você!

Regra nº 9: Nenhuma tragédia com sua bagagem merece afetar a sua saúde ou a sua estabilidade emocional. Afinal de contas, elas são o mais importante, talvez até mesmo o motivo principal da sua viagem.

Regra nº 10: Se você necessita de óculos, leve um segundo par na bagagem de mão. Antes dois do que nenhum. Não vá perder a paisagem por não ser precavido.

Regra nº 11: Crie seu "uniforme" de viagem. Esqueça o aspecto de sua roupa nas fotografias e crie um uniforme dentro de suas características pessoais, ou seja, como você se sente bem. Seja com gravata, chapéu, turbante ou qualquer outra coisa. Não tenha medo de se sentir ridículo. Você deve sentir-se, em primeiro lugar, confortável.

Regra nº 12: Jamais viaje de sapato novo. Seu calçado usado já lhe deu provas suficientes de fidelidade. Por isso, não o troque por um calçado novo, que você ainda não sabe como se comportará em relação aos seus pés, na hora de viajar. Aprendi com uma aeromoça que, em viagens mais longas, um sapato de número maior ou mesmo um chinelo ou sandália abertos são os mais confortáveis.

Como sempre ocorre edema (ou inchaço) dos pés, com esta precaução você jamais encontrará dificuldade em calçar ao final do voo. E você precisará muito dos seus pés para curtir plenamente a viagem.

O que levar nas malas?

As pessoas sempre levam nas viagens mais roupas do que é necessário, ou seja, passam a viagem inteira carregando peso **inútil**.

O que levar

Para os homens

Homens que viajam para participar de um congresso ou de uma atividade profissional que dure de 8 a 10 dias, por exemplo, devem levar um blazer preto e duas ou três calças que combinem com ele. Por exemplo, cinza-claro e bege-escuro.

Deve-se levar dois pares de sapato. Um clássico, de amarrar, e o outro mais esportivo.

Além disso, vale a pena investir em camisas coloridas, de preferência azuis, variando dos tons mais claros aos mais escuros, que combinam muito bem com o preto.

Uma boa sugestão é levar uma camisa para cada dia de viagem.

Outro segredo é selecionar boas gravatas, cuja variação dará sempre uma aparência nova ao viajante.

As gravatas são o visual principal, pois quando se conversa com uma pessoa, o olhar abrange, além da cabeça, o pescoço e a parte de cima do tronco, justamente o espaço ocupado pela gravata. O restante da roupa permanece em segundo plano.

Em termos de roupa de baixo, leva-se apenas o necessário e, de preferência, peças que sejam fáceis de lavar.

Meias pretas são indispensáveis. Se a viagem incluir um destino de clima frio, então é aconselhável levar meias de lã.

Um bom truque é vestir por baixo uma meia fina comum, evitando usar a meia de lã diretamente sobre a pele, porque isso reduz a necessidade de lavar a meia de lã.

Em termos de casaco, se a viagem for a um lugar frio, a melhor solução é levar um impermeável com forro removível. Se o frio não for intenso, o forro pode ser retirado e o impermeável usado como proteção de chuva.

Para as mulheres

A exemplo do homem, a mulher deve levar para uma viagem de 8 a 10 dias apenas o necessário para estar bem-vestida nas diversas ocasiões que constem do roteiro.

Deve levar saia, calça e vestido combinando, tudo em cima de tons pretos.

Se ela for do estilo formal, clássico, o casaco é indispensável.

Se for do estilo mais esportivo, então pode substituir o casaco por um blazer.

Se fizer o gênero calça comprida, pode levar também um terninho.

Se for caminhar muito, é importante que a saia tenha uma abertura lateral.

Se for enfrentar o frio, é essencial que leve um agasalho de couro, ou seja, um casaco comprido que sirva como proteção contra a chuva, o vento e o frio.

Se, à noite, for ao teatro ou a uma recepção mais formal, um bom truque é sobrepor uma gola de pele.

Tipos de mala

O uso de malas duras evita amarrotar as roupas.

Nelas, as roupas ficam mais bem-acomodadas, e elas também resistem mais à violência do transporte nos aeroportos. Os novos modelos, mais leves, voltaram a ser mais procurados, apesar dos preços.

A forma como as roupas chegam após uma viagem depende da maneira como são dispostas na mala.

Sempre colocar no fundo da mala as roupas mais pesadas, deixando as mais leves na superfície.

Calças e casacos devem ir no fundo.

Camisas e suéteres devem ir no meio da mala, deixando pijamas e lingeries na superfície, pois serão os primeiros a ser utilizados.

E quanto menos espaços houver, menos as roupas vão se deslocar durante a viagem e menos amarrotarão.

Outro truque: fazer rolinho com as gravatas e meias e colocá-las dentro do sapato.

Ao chegar ao hotel, aconselha-se tirar todas as roupas de dentro da mala, mesmo que se vá ficar apenas dois dias.

✓ **As calças são as peças que mais amarrotam nas viagens. Para desamassá-las, basta recorrer a um velho artifício que funciona muito bem: pendurá-las no banheiro, abrir a água quente do chuveiro e deixar o vapor fazer o trabalho.**

Chapéus, bonés, mantas e luvas

Se o viajante for enfrentar temperaturas baixas ou sol intenso, é importante que leve um boné ou chapéu bem macio de lã.

Para o frio, sempre é bom levar também um cachecol ou uma manta de lã. Ou até luvas. E quanto melhor a qualidade da lã, melhor a eficiência em reter a temperatura do corpo.

Lembre-se: ao chegar ao restaurante, ao teatro etc., é importante dobrar a manta ou as luvas e colocá-las no bolso do casaco. É um jeito seguro de não perdê-las.

Dicas para levantar uma mala sem destruir a coluna vertebral

Obviamente, não estamos falando de malas leves.

Em primeiro lugar, pergunte-se sempre se é realmente necessário levantá-la. Não aja por impulso, pois estará despreparado para o esforço.

Planeje seu movimento: saiba de onde para onde você levará a mala.

Antes de começar, mantenha as pernas afastadas e fique próximo à mala.

Se você precisa levantá-la como bandeja para colocá-la em um móvel mais alto ou no bagageiro do automóvel, por exemplo, dobre os joelhos mantendo as costas eretas. Procure forçar mais os joelhos e menos a coluna.

Se você pretende carregá-la pela alça com uma das mãos mantendo-a ao seu lado, também inicie o movimento dobrando as pernas. Evite forçar a coluna.

Para girar para um lado ou outro, use os pés e não rode a coluna.

Para colocá-la no chão, também dobre as pernas com a coluna ereta.

Peça ajuda, se for preciso. Não tenha vergonha.

Dicas sobre bagagens

Bagagem não permitida, só com licença especial

Alguns objetos, aparentemente inofensivos, podem ser perigosos a bordo de uma aeronave.

Esses produtos estão sujeitos à Regulamentação de Artigos Perigosos da International Air Transport Association (IATA) e devem obter licença especial para serem transportados. São eles:

- Amostras para testes
- Materiais magnéticos, oxidantes, radioativos e polimerizáveis
- Equipamentos de laboratório, de perfuração, elétricos e dentários
- Gases comprimidos
- Produtos venenosos e corrosivos
- Explosivos, munições e fogos de artifício
- Produtos químicos e farmacêuticos
- Líquidos e sólidos inflamáveis
- Barômetros, manômetros e fotômetros
- Butano
- Materiais tóxicos
- Armas de fogo (exceto quando portadas por autoridades competentes, ou armas desportivas desmontadas, embaladas e devidamente condicionadas, devendo ser transportadas no compartimento de bagagem)

Bagagem sujeita a aprovação

Artigos frágeis ou perecíveis devem ser embalados adequadamente. Ainda assim, podem não ser aceitos pelas companhias aéreas.

Queijos, embutidos e outros alimentos perecíveis não são aceitos pela inspeção do Ministério de Agricultura. Informe-se antes. Em geral, enlatados não trazem problemas na maioria dos países.

Para transportar animais vivos, consulte previamente a empresa aérea. Sua aceitação está condicionada ao tamanho do animal, ao tipo de aeronave e ao tempo de duração do voo. Veja mais adiante, o Capítulo 13, "Viajando com animais".

As companhias aéreas usualmente aceitam como bagagem na cabine somente cães pequenos e gatos. Os demais animais são transportados como carga.

Em geral, as companhias aceitam um animal por voo, por isso a reserva deve ser feita antecipadamente.

O que você não pode levar em sua bagagem de mão

- **Tesouras, facas, alicates, canivetes, garfos, estiletes, navalhas ou qualquer objeto que corte ou perfure, inclusive cortador de unha**
- **Fósforos ou isqueiros**
- **Materiais, magnéticos, oxidantes, radioativos, polimerizáveis**
- **Gases comprimidos, lâmpadas de *flash*, explosivos, munição, fogos de artifício**
- **Produtos corrosivos ou venenosos**
- **Substâncias infectocontagiosas**
- **Instrumentos musicais de grande porte (devem ser despachados)**
- **Peróxidos orgânicos**
- **Material que cause irritação**
- **Armas de qualquer espécie (com exceção das portadas por autoridades policiais ou armas esportivas devidamente desmontadas e despachadas com a bagagem)**

- **Líquidos e sólidos inflamáveis**
- **Esmalte para unhas**
- **Acetona ou removedores de esmalte**
- *Sprays* **de todos os tipos**
- **Frascos de qualquer tipo contendo mais do que 50ml de qualquer líquido**

Medidas a tomar caso sua bagagem não chegue em seu voo:

• Notificar imediatamente a companhia aérea na sua chegada

• Preencher um formulário especial com os dados do passageiro e as características da bagagem

• Fica registrado no sistema de reservas da empresa aérea o peso despachado da bagagem

• Pela Convenção de Varsóvia, o reembolso dado pela empresa aérea é de 20 dólares para cada quilo transportado. Nesta situação, não interessa o que compõe o peso: a empresa reembolsa apenas pelo que está registrado. Se forem 10kg de ouro ou 10kg de farinha, o reembolso será o mesmo

Normalmente, as companhias aéreas encontram as bagagens perdidas no dia seguinte e as remetem diretamente ao hotel onde você se encontra ou até mesmo para sua residência, se seu último voo foi o de retorno.

Para sua própria segurança, nunca transporte volumes de terceiros sem conhecer seu conteúdo.

Bagagens danificadas: Geralmente, as empresas aéreas não se responsabilizam por danos de pequeno porte na bagagem (como arranhões, cortes, sujeira, falta de rodinhas, ganchos, alças retráteis etc.). No caso de grandes danificações, a empresa aérea deverá ser notificada no momento da retirada da bagagem e quando for verificado o dano. O reembolso depende da extensão do dano, podendo ser do simples conserto até o pagamento de uma valise nova (o que é raro).

Pesos e tamanhos de bagagem

Bagagem de mão: O peso não pode exceder 5kg e seu tamanho deve ser de até 115cm de dimensão total (soma de altura, comprimento e largura). Nos aeroportos, em geral há um gabarito com a medida limite da bagagem de mão.

Bagagem despachada: No Brasil, os limites de peso são de 20kg para a classe econômica e 30kg para a classe executiva. Para voos ao exterior (EUA), existe a norma de dois volumes de até 32 kg cada e com tamanho que não ultrapasse 158cm nas três dimensões (piece concept).

Excesso de bagagem: Cadeira de rodas e cão de guia para deficientes não pagam excesso.

No entanto, o mesmo não acontece com equipamentos de esqui, de golfe, de surfe e com pequenos animais.

Excesso de bagagem é cobrado quando o número de volumes despachados excede a dois com as características acima.

Porém, cuidado! Nos voos domésticos o limite é de 20kg, o que pode ocasionar um bate-boca desagradável para quem, chegando da Europa, tiver que redespachar suas malas para outro destino doméstico.

Objetos cujo transporte é gratuito, sendo um dos direitos do viajante

- Cadeira de rodas
- Muletas
- Berço portátil

- Guarda-chuva
- Bengala
- Carrinho de bebê
- Livro ou revista
- Bolsa de mão
- Maleta ou equivalente
- Abrigo (capa, sobretudo e casaco)

Check-list da bagagem de mão

Ela deve pesar não mais de 5kg e medir até 115cm, somando comprimento, largura e altura.

Você tem que ser mágico para fazer caber tudo isto:
- Cartões de crédito
- Dinheiro em espécie ou cheques de viagem
- Passagens (observar se todos os detalhes estão corretos antes do embarque)
- Certificados de vacinação (caso necessário)
- Chave do carro (se o carro ficar no aeroporto)
- Chave de casa (se não houver com quem deixá-la)
- Documento de identidade nacional
- Passaporte
- Óculos de leitura, ou outro par de óculos de uso regular (para o caso de ocorrer algo com o que está em uso)
- Lentes de contato com líquido de higiene
- Óculos de sol
- Agenda de endereços e telefones
- Endereços e telefones do local de destino
- Endereços úteis como embaixada, agência de viagens, hotel de destino
- Identificação da bagagem de mão com endereço e nome em etiqueta externa, bem visível
- Telefone celular com carregador bivolt

- Cartões de visita
- Máquina fotográfica com bateria carregada
- Livro de leitura
- Material didático necessário já no primeiro dia da chegada, se for o caso (pendrive, CD, vídeos, fotografias, documentos, DVDs etc.)
- Caneta e caderno de anotações
- Material de toalete (barbeador com creme, escova e pasta de dentes, desodorante, perfume pequeno, cotonetes, creme hidratante pequeno)
- Remédios de uso diário suficientes para três dias (o resto fica na bagagem despachada)
- Atestado ou laudo médico com histórico da doença em tratamento
- Receita dos remédios de uso corrente
- Absorventes higiênicos, lenços úmidos, lenços de papel, preservativos, anticoncepcionais (estes últimos suficientes para toda a viagem)
- Máscara de dormir, plug de ouvido para amortecer o som, colar inflável
- Cartão de seguro-saúde internacional
- Livreto de informações sobre seu seguro-saúde internacional
- Agenda de compromissos (sua agenda de uso diário)
- Roteiro de viagem resumido com hotéis, datas, número e horário de voos, acompanhado dos respectivos vouchers
- Carteira de motorista brasileira (vale por 60 dias em qualquer país)
- Cartão de milhagem de companhias aéreas (para creditar à sua conta em cada trecho voado)
- Uma muda de roupa (camisa, meia, roupa branca, para o caso de a mala despachada não chegar)

- Cópia das primeiras páginas do passaporte (para ser usada no exterior enquanto o original fica no cofre do hotel)
- Joias (o melhor, mesmo, seria deixá-las em casa)
- Laptop ou notebook, agenda eletrônica, iPod ou MP3/MP4 (você realmente precisa disso tudo?)
- Filmadora, binóculo, máquina fotográfica
- Este livro

Check-list da bagagem para despachar

É aquela que pode não chegar...

- Kit de costura de emergência (veja conteúdo adiante)
- Dicionário da língua do local de destino (se necessário)
- Impermeável
- Guias turísticos e mapas
- Kit de toalete (veja conteúdo adiante)
- Casaco de inverno (eventual). Você deve deixá-lo bem em cima da mala, facilmente acessível, para o caso de ter que usá-lo na chegada
- Etiqueta de identificação da bagagem com nome e endereço de sua residência na parte externa e outra colada na parte interna das malas
- Canivete multiuso com tesoura, abridor de lata, abridor de tampinha e saca-rolhas
- Medicamentos em uso diário (quantidade necessária para toda a viagem)
- Anticoncepcionais (quantidade necessária para toda a viagem)
- Medicamentos para uso eventual (ver "Kit de medicamentos para viagem")
- Este livro, caso já não esteja levando na bagagem de mão

Cuidado: Leve somente o necessário dos seguintes itens:

- Tênis (já em uso)
- Sapatos (já em uso)
- Roupas íntimas
- Camisas
- Casacos ou blazers
- Gravatas
- Meias
- Vestidos
- Calça jeans
- Calças
- Suéter e blusas (só o necessário)
- Manta e luvas (se necessário)
- Chapéu dobrável para frio ou calor
- Cinto
- Calção ou maiô (de banho)
- Bermuda

✓ **Mas preste atenção:**
Obviamente, é o objetivo da viagem que determina a escolha da roupa. Por exemplo, uma viagem de três dias a negócios pode prescindir de calça *jeans*, **enquanto três dias de fim de semana em Itaparica tornam** *jeans*, **bermudas e roupas de banho artigos de primeira necessidade.**

O objetivo dessa tabela é só listar as peças para não serem esquecidas e para que possamos levar o menor número possível de cada uma delas.

Uma boa dica é arrumar sobre a cama tudo o que se decidiu levar na viagem e, antes de colocar na mala, proceder a uma redução drástica de todos os itens. E ainda assim poderemos levar coisas demais.

Kit de toalete para viagens

- Hidratante para o corpo
- Depilador descartável
- Barbeador descartável
- Creme de barbear
- Desodorante
- Colônia ou perfume
- Pente e escova
- Secador de cabelo bivolt, se não houver nos hotéis (observe a voltagem ao ligá-lo)
- Lixa de unhas
- Cotonetes
- Creme para as mãos
- Protetor labial
- Filtro solar (com repelente, se necessário)
- Creme dental
- Escova de dentes
- Fio dental

Obs.: A maioria dos hotéis fornece xampu, condicionador e sabonete.

Kit para cuidados com óculos e lentes

- Pequena chave de parafuso
- Líquido para conservar e limpar lentes
- Lenço de papel
- Tecido especial para limpar lentes
- Um óculos de reserva (para o caso de quebrar ou extraviar o seu)
- Colírios umidificantes

Kit de costura

- Agulhas
- Linhas de várias cores (branca, preta, cinza e marrom)
- Presilha de segurança
- Colchetes
- Botões (pretos, brancos e beges, de tamanhos variados)
- Tesoura pequena

Kit de medicamentos do *Boa viagem!*

Baseado nas recomendações da International Society of Travel Medicine.

Lista de medicamentos com suas doses:

Classe terapêutica	Medicamentos genéricos	Nome comercial	Dosagem
Antidiarreicos	Loperamida	Imosec	1-2 comp. 3-4 vezes ao dia
Anti-histamínicos	Prometazina	Fenergan	25 mg, 1 comp. de 6/6 horas
Descongestionantes nasais		Rinosoro 3%	1 conta-gotas em cada narina 3 vezes ao dia.
Analgésicos	Paracetamol	Tylenol 750	1 comp. de 6/6 horas
	Ácido acetilsalicílico	AAS ou aspirina	1 comp. de 500 mg de 6/6 horas
	Escopolamina e Dipirona	Buscopan composto	500 mg, 1-2 comp. de 6/6 horas

Antibióticos	Amoxacilina 500 mg	Amoxil 500	1 comp. de 6/6 horas
	Azitromicina	Zitromax AZ	1 comp. 1 vez ao dia, por 3 dias
	Ciprofloxacin 250	Ciprofloxacin	1 comp. de 12/12 horas
Antifúngicos	Nistatina creme vaginal	Micostatin	1 aplicador 2 vezes ao dia
	Miconazol tópico	Daktarin	Aplicar no local 2 vezes ao dia
Antivirais para gripes	Oseltamivir	Tamiflu	75 mg, 1 comp. 2 vezes ao dia, por 5 dias
Anti-inflamatórios	Ibuprofeno	Motrin 600 mg	1 comp. 3 vezes ao dia
Antieméticos e anticinéticos	Metoclopramida 10 mg	Plasil	1 comp. de 6/6 horas
	Dimenidrinato	Dramin	1 comp. de 6/6 horas
	Flunarizina	Vertix 10 mg	1 comp. 2 vezes ao dia
Colírios	Dextrano 70, Hipromelose	Lacrima Plus	1-2 gotas 3 vezes ao dia
	Neomicina/ Polimixina B, Dexametasona	Maxitrol	1-2 gotas 4 vezes ao dia
Pomadas, cremes e tópicos	Flurandrenolida	Drenison	Pomada corticoide tópica
	Piroxican	Feldene gel	Anti-inflamatório tópico
	Neomicina/ Bacitracina	Nebacetin	Pomada antisséptica
	Clorexidina	Merthiolate	Antisséptico tópico

Filtros solares e repelentes	Filtro solar Permetrin, Dimetiltoluamida (repelentes)		Com fator de proteção solar 8, 15 e 30
Curativos e outros acessórios	Curativos pequenos Gase, esparadrapo Cotonetes, termômetro Soro fisiológico Bolsa térmica	Band-Aid	
Miscelânea	Dioctil	Humectol D	1 comp. 1-2 vezes ao dia para constipação
	Hidróxido de alumínio e magnésio	Maalox-Plus	20-30 ml para azia, 3-4 vezes ao dia
	Dimeticona	Luftal	20 gotas 6/6 horas para gases

Obviamente, você deve acrescentar a essa lista todos os medicamentos que usa, mesmo que ocasionalmente. Por exemplo, se você já teve uma crise de hemorroidas, não esqueça do Nupercainal, pomada anestésica, que pode ajudá-lo a readquirir a alegria de estar em viagem.

Insisto também em que você deve discutir essa lista de medicamentos com seu médico. Ele poderá não aprovar alguns deles para o seu caso específico e até mesmo fazer algumas substituições vantajosas para você.

Finalmente, de maneira alguma torne-se um tomador compulsivo de remédios. Este é apenas um guia com informações que podem ser úteis, por exemplo, em um fim de tarde na Tanzânia, onde certamente suas dificuldades de comunicação ficarão bem evidentes.

Capítulo 4

O AVIÃO

O avião exerce estranho fascínio sobre o ser humano, mesmo mais de 100 anos após sua invenção. Há pessoas que adoram sentir-se dentro dele, e outras que detestam, mas ninguém fica indiferente.

Uma viagem aérea longa pode trazer várias inconveniências para a saúde e para o conforto, que devem ser entendidas e evitadas.

Dicas para um voo confortável

Roupas

Em primeiro lugar, lembre-se de que a baixa pressão atmosférica na aeronave faz o corpo "dilatar".

Isso vai fazer com que tudo que você vestir pareça um número menor.

Dessa forma, desaconselha-se que as mulheres usem sutiã e jeans apertados ou sapatos de saltos muito altos.

Os homens também devem evitar o uso de calças, camisas e paletós apertados.

As gravatas devem ser abolidas, a não ser em situações especiais, como viagens curtas de negócio, ou quando no aeroporto de chegada haverá pessoas que devem ser tratadas com formalidade. Mesmo assim, retirá-las durante o voo torna a viagem mais confortável.

Uma boa opção são as roupas de fibras naturais (algodão) ou que tenham stretch na composição, pois esticam e não amassam.

Para não ficar com o visual amarrotado de quem passou horas sentado, prefira as cores escuras.

Outra dica é carregar um blazer ou moletom, a ser vestido ou não, de acordo com a temperatura. A vantagem do moletom é poder ser jogado sobre os ombros, deixando livres as mãos.

Cuidados

Os passageiros da primeira classe e os da classe executiva sempre recebem kits com máscara para os olhos, protetor de ouvido, hidratantes, meias e umidificador de narinas.

Mas quem viajar na classe econômica e não puder dispensar esses acessórios pode comprá-los nas lojas duty-free dos aeroportos.

As indústrias já começam a encontrar soluções para o desconforto típico de uma viagem de avião.

Um exemplo são as almofadas ajustáveis ao pescoço (colar inflável), que ajudam a deixar o passageiro confortável na poltrona.

Já existem também umidificadores e purificadores de ar portáteis, que devem ser usados pendurados no pescoço.

Além disso, uma empresa americana desenvolveu um tipo de capacete chamado Dreamhelmet, que serve de travesseiro e de protetor de olhos e ouvidos.

Lugares mais confortáveis do avião

Não é fácil se sentir confortável quando se constata que a largura média do assento da classe econômica é de 45cm, o ângulo de reclinação de sua poltrona é de 35 graus e a distância entre as fileiras mede 80cm.

Os aviões foram configurados para a estatura padrão de 1,80m.

Por isso, os mais altos devem escolher as poltronas onde possam esticar as pernas, como as do corredor, as das primeiras filas ou aquelas próximas à saída de emergência. Mas, estas últimas têm a desvantagem de reclinar menos ou até mesmo não reclinar.

Além disso, as poltronas das primeiras filas também são as menos afetadas pela turbulência e pelo barulho dentro da aeronave.

Passageiros com cuidados especiais

Quando for fazer a reserva, explique de quais cuidados especiais você necessita. Dessa forma, estará garantindo um melhor atendimento.

Pessoas que necessitam de cuidados especiais têm prioridade no embarque, o qual é feito cerca de 20 minutos antes do embarque dos demais passageiros.

Idosos e gestantes também têm preferência no embarque.

Passageiros com cuidados especiais geralmente recebem acompanhamento de um funcionário do check-in até o avião.

Portadores de deficiência física devem ser acomodados nas primeiras filas e em poltronas próximas ao corredor.

Se precisar viajar deitado, uma maca será instalada com a remoção de poltronas.

Passageiros com dificuldade de locomoção devem solicitar cadeira de rodas.

Fumantes

É expressamente proibido fumar dentro da aeronave.

E não adianta nem tentar fumar escondido no banheiro, pois o detector de fumaça dá sinal da infração, por mais que se tente tampá-lo com copo plástico.

Para atenuar a angústia dos fumantes, algumas empresas distribuem chicletes com nicotina.

Mas se você é um fumante inveterado, siga o conselho dos especialistas: após o jantar, tome um sedativo e durma!

Uso de aparelhos eletrônicos a bordo

Devido à regulamentação internacional, o uso de aparelhos eletrônicos a bordo está restrito. Em todo o voo **estão proibidos** os pagers (bip), telefones celulares, toca-discos tipo CD e DAT (Digital Audio Tape), jogos eletrônicos, notebooks com impressora wireless ou mouse sem fio ou CD-ROM, radiotransmissores e receptores de FM, GPS, controles remotos e microfones sem fio, TVs portáteis. Em resumo, todo e qualquer equipamentro com tecnologia wireless.

É permitido em todas as fases do voo o uso de máquinas fotográficas com flash embutido, marcapassos, relógios eletrônicos, aparelhos auditivos, equipamentos médico-eletrônicos.

É proibido na decolagem e no pouso o uso de câmeras filmadoras, gravadores de fita cassete, calculadoras e agendas eletrônicas, barbeadores elétricos e laptops e notebooks, mesmo sem impressora, sem CD-Rom e sem mouse sem fio.

Dicas para um voo saudável

Temperatura: Geralmente, nos aviões, a temperatura é regulada em torno de 22°C, o que é perfeitamente confortável para o corpo. Durante a noite, porém, quando produzimos menos energia, podemos sentir frio nessas temperaturas chamadas neutras. Por isso, devemos ter à mão roupas adequadas para as frias noites do avião. O cobertor, muitas vezes disponível, deve ser usado nessas ocasiões, assim como o cachecol.

Umidade do ar: A principal diferença do ar que respiramos nos aviões é a sua baixa umidade, ou seja, a baixa incidência de vapor d'água. A principal repercussão sobre o nosso organismo consiste em alterações das vias aéreas, que facilmente se tornam congestas, ou secas. Às vezes, vasoconstritores nasais são úteis durante o voo, principalmente para pessoas alérgicas, que facilmente alteram suas vias aéreas com mudanças na temperatura e na umidade do ar. A outra consequência é a perda de líquido pelo organismo.

Por isso, o principal cuidado é **tomar líquidos durante o voo,** em quantidade suficiente para repor as perdas (vinho e champanhe não têm o mesmo efeito!). A umidade do ar atinge 50% em voos curtos e até 17% em voos longos (o que é, aproximadamente, a umidade do deserto do Saara).

Oxigênio do ar: O ar respirado nas aeronaves é artificial. Nas altitudes dos voos internacionais (10 mil metros ou mais), o ar exterior é rarefeito, com pouco conteúdo de oxigênio, por isso respiramos, no avião, uma mistura de oxigênio com ar natural. Essa diferença é facilmente percebida ao pousarmos em locais muito altos, como La Paz, na Bolívia, quando, ao sairmos do avião, sentimos de imediato os efeitos da falta de oxigênio. O sistema de ventilação dos aviões tem entradas e saídas individuais em cada fileira de poltronas (o chamado fluxo radial), evitando que o ar seja misturado com o do resto da cabine.

A concentração de oxigênio da cabine é obtida por pressurização e equivale a 6 mil pés de altitude, ou seja, aproximadamente 2 mil metros. Recomenda-se evitar líquidos gasosos, pois, sob baixa pressão, os gases se expandem no abdômen, o que pode ser muito desconfortável.

Posição do corpo: Principalmente nos voos longos, a posição do corpo passa a ser desconfortável após algumas horas. Não se consegue a posição ideal que obtemos em nossa cama ou poltrona. Para evitar a redução do fluxo de sangue nas pernas e o edema consequente, são úteis movimentos semelhantes ao de pedalar uma máquina de costura, contraindo os músculos das panturrilhas.

O apoio aos pés parece ser importante para a estabilidade da coluna após muitas horas. Para isso, pode-se usar uma bolsa de viagem (na primeira classe e na classe executiva existe um apoio para os pés na própria poltrona). Exercícios com os pés e os braços são necessários. Alguns viajantes experientes não deixam de fazer pela manhã seus alongamentos, principalmente do tronco, dos braços e do pescoço.

Algumas pessoas conseguem uma boa estabilidade para a cabeça e o pescoço com almofadas infláveis em forma de colar que ajudam a manter uma posição estável e confortável (veja mais dicas e exercícios ao final deste capítulo).

Dormir: Para pessoas de porte grande, dormir no avião é, às vezes, uma aventura semelhante a sentir-se encerrado em um sarcófago egípcio. Diminuir os estímulos externos parece ser uma boa forma de "concentrar-se" para dormir, apesar do desconforto.

Protetores de ouvido ajudam a reduzir o ruído e tornam o cérebro menos vulnerável a estímulos externos. Máscara para os olhos é fundamental para, principalmente, nos desligar do vizinho ao lado, que insiste em terminar a leitura daquele imenso livro. Acolchoar o assento com travesseiro, procurando não deixar espaços livres, é outra opção para obter mais conforto.

Os mais valentes preferem tomar sedativos para dormir. Pergunte ao seu médico qual seria o mais adequado para você. Mas cuidado, pois alguns produzem amnésia e você pode se surpreender horas mais tarde com aquela bela bicicleta que comprou involuntariamente no duty-free, sob o efeito do hipnótico tomado durante o voo.

Higiene pessoal: Em voos longos, se não quiser enfrentar filas para os exíguos toaletes, você terá que mudar um pouco seus hábitos de higiene, tentando não coincidir seus horários com os de maior movimento, geralmente antes e depois do café da manhã.

Tenha em sua bagagem de mão tudo o que você necessita: barbeador com creme, desodorante, perfume, escova e pasta de dentes, cotonetes. Não esqueça seus remédios de uso diário e mantenha os respectivos horários. Aprendi que o melhor toalete a ser utilizado é o da sala de coleta de bagagens dos aeroportos. É geralmente muito limpo porque pouco frequentado. Enquanto as bagagens chegam e as pessoas disputam por elas, você pode barbear-se ou maquiar-se confortavelmente, sem as limitações do exíguo toalete do avião.

Refeições: As refeições mais caras do mundo provavelmente são as servidas a bordo dos aviões. Ainda assim, não alcançam a qualidade de uma simples comida caseira. Nunca espere muito de um jantar aéreo.

Bebidas a bordo: Mais comumente, as razões de mal-estar em voos têm relação com o excesso de ingestão de bebidas alcoólicas. Seus efeitos se somam à cinetose (ver adiante) e terminam por provocar resultados exagerados sobre a motilidade do intestino, além de tonturas, náuseas, vômitos e diarreia.

Bebidas com gás, se ingeridas em grande quantidade, podem causar sensação de plenitude, gases, desconforto abdominal e também náuseas e vômitos.

Alguns viajantes experientes preferem não comer as refeições de bordo, trazendo seus próprios alimentos, o que é perfeitamente aceitável, apesar de parecer estranho.

Dietas especiais: Recomendações dietéticas preexistentes não devem ser esquecidas em voo. Todas as companhias estão preparadas para atender, se solicitadas com antecedência, qualquer cardápio especial, seja para diabéticos, hipertensos, vegetarianos etc.

Os cardápios especiais não custam nada, mas é preciso fazer o pedido no ato da reserva do voo. E não esqueça: caso haja alteração no horário ou na data do voo, o passageiro deve pedir a transferência da refeição.

Dietas usualmente disponíveis em voos, sob requisição prévia:

Dietas terapêuticas: Diabética, branda, baixo teor de sal, sem lactose, baixo teor de proteína e potássio (para doença renal), baixo teor de colesterol e gorduras, sem glúten, baixa caloria (light), alto teor de fibras.

Dietas religiosas: Kosher judaica, kosher vegetariana, muçulmana, hindu.

Dietas filosóficas: Vegetariana, ovolactovegetariana, macrobiótica, vegetariana asiática.

Dietas orientais: Chinesa, indiana, japonesa.

Dietas para crianças: Entre 2 e 12 anos de idade, as companhias oferecem dietas adaptadas aos gostos das crianças.

Dietas para bebês: Entre 0 e 2 anos de idade, são oferecidas papinhas doces e salgadas, além de mamadeiras aquecidas, farinhas lácteas especiais etc.

Recomendações sobre alimentação em voos

Em viagens de avião, a bexiga e os intestinos aumentam de tamanho, pois a baixa pressão da aeronave faz os gases se expandirem.

Por isso, é aconselhável não ingerir alimentos que estimulem a fermentação no intestino.

Se for fazer um lanche, no avião ou mesmo antes de embarcar, prefira alimentos leves, que possam ser facilmente digeridos pelo organismo.

Frutas e saladas são mais indicadas para essas ocasiões.

Feijão, lentilha, abóbora, cebola, repolho, couve, pepino e salsicha são exemplos de alimentos de difícil digestão. Eles farão você se sentir "inchado".

Por esses motivos, os refrigerantes também devem ser ingeridos com moderação, assim como as frituras, as carnes vermelhas e os molhos.

Você tem medo de voar? Qual é a sua chance de sobreviver a este voo?

O medo de voar é, antes de qualquer outra coisa, o medo de perder o controle da situação. Quem está no solo – em casa, andando na rua ou dentro de um carro – tem a ilusão de que está seguro. No avião, essa segurança, ainda que aparente, se esvai.

No avião, as pessoas entregam seu destino a terceiros e a uma máquina.

Se o medo de voar for produto de uma fobia, ela pode ser tratada. Mesmo o caso extremo de uma pessoa cujo medo de voar é tão grande que ela nem consegue entrar num avião ou, se entra, é dominada por uma angústia incontrolável, pode ser resolvido através de uma combinação de psicoterapia e medicamentos.

O medo de voar é sempre produto de outra aversão que a pessoa transfere para o avião. O segredo, portanto, consiste em descobrir qual é o verdadeiro medo inconsciente.

Assuma seus medos e fobias. Procure tratá-los com psicoterapia e medicamentos.

Não seja leitor assíduo de notícias de acidentes aéreos ou marítimos. Informe-se o suficiente para saber o que você pode fazer para evitá-los. Trocar de companhia aérea, por exemplo.

Neste exato momento, 12 milhões de pessoas estão voando ao redor do mundo em milhares de aviões. E os acidentes, ainda assim, são raros.

É mais perigoso viajar em automóvel do que em avião. Você sabia disso?

As estatísticas comprovam que 4 entre 10 brasileiros que já embarcaram em uma aeronave sentem-se inseguros a cada vez que são obrigados a voar.

Se você se sente assim, saiba que, comprovadamente, o avião é hoje um meio de transporte tão seguro que a probabilidade de acidentes fatais é de 1 em 2 milhões.

Nos Estados Unidos, onde existe estatística para tudo, a Federal Aviation Administration afirma que os acidentes aéreos são ridiculamente raros em comparação aos demais.

Entre 1989 e 1993 ocorreram 589.230 acidentes. Destes, cerca de 18% foram acidentes domésticos, quase 40% foram de trânsito, 0,67% foram acidentes graves com bicicleta e apenas 0,08% foram acidentes aéreos.

A IATA, em suas estatísticas anuais, afirma que mais pessoas morrem de infarto ou outras doenças a bordo de aviões do que em acidentes aéreos.

Isso justifica plenamente a existência deste livro, além de todos os cuidados pessoais de saúde que devemos ter.

Existem inúmeras explicações para esse fenômeno surpreendente. Em primeiro lugar, a média de idade dos passageiros vem crescendo significativamente. A terceira idade vem invadindo os aviões, principalmente no hemisfério norte. E é justamente nessa faixa etária que mais probabilidade existe de se manifestar doença cardíaca por obstrução das coronárias, provocando angina e infarto.

Leve-se em conta, também, a emoção e os esforços de uma viagem, às vezes longa e ansiosamente esperada.

Outro fato é que os passageiros esperam que as companhias aéreas revisem exaustivamente seus aviões, mas eles próprios desconsideram a necessidade de revisão de sua saúde. Principalmente após os 40 anos.

Houve recentemente uma verdadeira mania de viajar com toda bagagem à mão. Isso gerou a necessidade de carregá-la por longas distâncias nos aeroportos cada vez maiores. Um esforço desnecessário e muitas vezes prejudicial para quem não está apto.

Por tudo isso, os aeroportos e aviões tornaram-se lugares frequentes para a primeira crise de angina ou para uma arritmia cardíaca inesperada. Foi o que determinou a instalação de desfibriladores cardíacos em aeroportos e aviões.

A Flight Safety Foundation coleciona dados sobre acidentes aéreos em todo o mundo. Os campeões de segurança são a Austrália e Oceania, com uma incidência recente de zero acidentes por milhão de decolagens.

Na outra ponta está a China, com nove acidentes por milhão de decolagens.

O Brasil empata com a Europa em 1,6 acidente aéreo por milhão de decolagens, enquanto os Estados Unidos e o Canadá são mais seguros, com apenas 0,5 por milhão.

Portanto, ao entrar em um avião, você deve sentir-se seguro, mais seguro do que em seu próprio automóvel. Porque é muito mais perigoso viajar por autoestradas.

Escolha bem sua companhia aérea. Observe seu histórico, seus cuidados com segurança, seu cumprimento de horários, a atualização de seus aviões.

Destinos exóticos podem obrigá-lo a voar em companhias também exóticas. Considere isso.

Escolha sua viagem de férias no período do ano em que a meteorologia seja mais favorável. Não desafie a natureza desnecessariamente. Quem vai ao Caribe de avião ou navio de outubro a dezembro, por exemplo, sabe que ocasionalmente poderá ter desvios em sua rota devido aos furacões.

Como tratar problemas de saúde em voos

Álcool

A qualidade e a quantidade de consumo seguro de bebidas alcoólicas durante o voo variam de pessoa para pessoa.

Para alguns, uma dose de uísque apenas relaxa; já outros sentem um aumento dos sintomas do jet-lag (ver adiante).

Porém, é mais fácil ficar bêbado em um voo do que em terra firme, pois a altitude e o ar rarefeito no avião potencializam duas vezes e meia os efeitos do álcool. Ou seja, uma dose em terra equivale a duas e meia no ar.

Empresas aéreas fora do Brasil cobram por bebidas alcoólicas servidas nos voos como uma tentativa de inibir os casos de embriaguez, que constituem a maioria dos distúrbios de comportamento a bordo.

A ingestão de bebidas alcoólicas em excesso é uma causa frequente de desmaios e outros problemas médicos.

Hidratação – pele e mucosas secas

Para diminuir os efeitos da baixa umidade da cabine, uma das dicas é ingerir líquidos em quantidade adequada.

Deve-se dar preferência para líquidos não alcoólicos e não gaseificados.

Outra dica é usar cremes hidratantes na pele, colírios lubrificantes nos olhos e soro fisiológico nas narinas.

Labirintite e cinetose

Labirintite

A **labirintite** é uma inflamação do ouvido que provoca principalmente mareios e náuseas, comprometendo o equilíbrio do corpo. A pressão interna do ouvido doente entra em choque com a da aeronave, provocando dor e tonturas.

Existem medicamentos preventivos que são receitados pelos especialistas para controlar os efeitos da labirintite durante voos. São medicamentos chamados anticinéticos, geralmente constituídos de cinarizina e gingko biloba.

Situações de labirintite aguda antes da viagem devem determinar seu adiamento.

Cinetose

A **cinetose** é o problema que algumas pessoas apresentam com mais intensidade em viagens de navio, avião e automóvel. Consiste em: náusea, vômito, sonolência, palidez e mal-estar.

É provocada por qualquer situação que crie uma discrepância na solicitação dos centros de equilíbrio do organismo, particularmente dos labirintos, que são estruturas existentes no ouvido interno responsáveis por mandar informações ao cérebro sobre a posição do corpo.

Se ocorrerem informações discrepantes vindas de cada um dos labirintos sobre a posição e a velocidade do corpo com os dados que chegam ao cerebelo de outros sensores como a visão, o tato e a sensibilidade proprioceptiva (de posição) da pele e das articulações, gera-se uma situação de alarme, caracterizada pelos sintomas descritos.

Com a estabilidade das grandes altitudes, os aviões tornaram-se menos desconfortáveis para a cinetose. (Observem que os sacos de enjoo hoje são muito menos utilizados do que no passado.) Contribui para isso a melhor pressurização das aeronaves.

Medicamentos anticinéticos estão disponíveis, mas devem ser utilizados preventivamente, meia hora antes da partida ou quando há previsão de turbulência aérea, de mar agitado ou estrada tortuosa. Pode-se usar um anti-histamínico como a difenidiamina e a ciclizina (porém, são contraindicados na gravidez). A escopolamina pode ser usada quando não há contraindicações formais (glaucoma, hipertrofia prostática, cardiopatia isquêmica).

✓ **Após iniciada a crise de cinetose, não é recomendável comer, beber ou mesmo tomar medicamentos, pois são inúteis a curto prazo e podem provocar náuseas e vômitos pela ingestão de líquidos.**

Quem sofre de cinetose deve tomar seu medicamento meia hora antes de embarcar no voo, seguindo as orientações do médico.

Os medicamentos mais comuns têm como princípio ativo o dimenidrinato (Dramin), e deve ser tomado um comprimido a cada seis horas.

Para evitar os sintomas de cinetose, siga as seguintes dicas:

Não viaje de estômago vazio, mas também não coma demais.

Em caso de turbulência, respire fundo, concentre a atenção num ponto fixo à sua frente e, se possível, aumente o fluxo de ar sobre sua cabeça

Procure sentar-se nos assentos próximos às asas da aeronave.

Prefira os assentos longe da janela.

Antes de viajar, converse com seu médico quanto à possibilidade de usar alguma medicação antes e durante o voo.

Inchaço nos pés

Com a inatividade e a pressurização baixa, os pés tendem a inchar.

Evite esse problema mantendo os pés e as pernas em movimento.

Procure levantar-se a cada duas horas e andar pelos corredores do avião por alguns minutos.

Os passageiros da classe econômica têm a circulação sanguínea mais prejudicada, pois ficam muitas horas na mesma oposição por disporem de menor espaço.

Porém, é possível se exercitar mesmo estando sentado: mexa a ponta dos pés ou flexione os joelhos. Faça movimentos com os pés como quem pedala uma daquelas máquinas de costura antigas (veja adiante exercícios).

De qualquer forma, os pés sempre vão inchar um pouco como consequência da variação de pressão dentro da cabine. Portanto, ao viajar de avião, use sapatos confortáveis, no mínimo meio número maiores que o habitual.

Distúrbios do sono

Trata-se de problema muito comum em voos noturnos longos. A impossibilidade de dormir com o corpo em posição horizontal associada à ansiedade própria da viagem e ao ruído contínuo fazem com que o descanso não seja completo nem o sono profundo e reparador.

O uso de medicação hipnótica e sedativa deve seguir prescrição médica e levar em conta o fato de que há sempre a possibilidade de efeitos adversos, inclusive excitação e amnésia.

Dor de cabeça

Agitação, ansiedade, estresse, medo e alimentação inadequada podem provocar dor de cabeça.

Seu tratamento é geralmente simples, com analgésicos comuns (paracetamol, por exemplo).

Dor de ouvido

Está relacionada à pressurização incompleta da cabine ou a obstruções nasais, estados gripais e sinusites.

A proteção dos ouvidos com tampões pode ser útil.

O uso de descongestionante nasal e o tratamento imediato de sinusites ou estados gripais facilitam e reduzem o desconforto das viagens aéreas.

Síndrome de fuso horário. O que é o *jet-lag*?

Jet-lag é um fenômeno que acontece devido à mudança dos fusos horários, por um dissincronismo entre nosso relógio biológico interno e os indicadores externos de tempo.

A manifestação mais comum é o distúrbio do sono com efeitos sobre o organismo caracterizados por fadiga, insônia, dor de cabeça e dificuldade de concentração, entre outros.

Esses sintomas são mais sentidos por quem se desloca no sentido oeste-leste, piorando a adaptação quanto maior for a diferença de fuso horário.

Voando de São Paulo (oeste) a Paris (leste), por exemplo, já partimos com quatro horas de diferença ou cinco (no verão europeu). Acrescida essa diferença às 11 horas de voo, chegaremos na realidade 16 ou 17 horas depois. Nosso organismo está adaptado ao horário de São Paulo e levará algum tempo (talvez até alguns dias) para adequar-se aos novos horários de descanso e alimentação.

Os sintomas mais comuns do primeiro dia são mal-estar geral, fraqueza muscular, nervosismo, insônia, falta de apetite, náuseas, depressão e dificuldade de atenção e memória.

Obviamente, o problema está mais presente para quem deve iniciar seu trabalho logo depois da chegada.

A repetição da mesma viagem termina gerando uma adaptação mais rápida do organismo.

Mas essa rapidez de adaptação é algo pessoal, podendo depender também de fatores como a diferença do fuso horário, a direção do voo (oeste para leste, principalmente) e os horários de partida e chegada.

O uso de sedativos e hipnóticos nas primeiras noites podem ser de grande ajuda, a começar pela noite passada em voo.

Não existe um tratamento para o jet-lag. No entanto, recomenda-se já partir para o aeroporto com o processo de adaptação iniciado em relação ao sono e à alimentação.

Algumas horas de sono (2-3) logo após a chegada a Paris (usando o exemplo anterior) seriam interpretadas pelo nosso organismo como uma sesta, podendo, talvez, nos permitir dormir uma noite mais completa nos horários locais ou atrasando demasiadamente o sono na primeira noite.

Alguns viajantes experimentados preferem o contrário, levar o organismo à exaustão, não dormindo ao chegar e deitando bem tarde na primeira noite, na tentativa de forçar a adaptação ao novo fuso horário. Mas isso também varia de pessoa para pessoa.

Estratégias para contornar o *jet-lag*

Se sua viagem for curta e você permanecer fora do fuso por apenas 48 horas, por exemplo, tente se manter no seu horário de casa, em relação à alimentação e ao repouso.

Se for permanecer fora por mais de 48 horas, procure fazer uma adaptação imediata ao horário local do destino. Por exemplo, exponha-se à luz solar e faça exercícios físicos ao ar livre. Alimente-se de acordo com o horário local e estimule a interação social com outras pessoas. Tente, o quanto antes, fazer as refeições e dormir na mesma hora em que os moradores do lugar.

Em caso de voo diurno que chegue à noite, evite dormir antes da chegada. Se o voo for noturno e chegar de manhã, durma o que puder no avião e desista de ir para a cama após o desembarque.

Em vez disso, tome um longo banho para reidratar o corpo, faça uma caminhada para aclimatizar-se e beba muita água durante os dias seguintes à sua chegada.

Em viagens longas dentro do mesmo fuso ou com menos de duas horas de diferença (para a Costa Leste dos Estados Unidos, por exemplo), uma alternativa é tomar um banho ao chegar e dormir por duas ou três horas, iniciando depois suas atividades de acordo com os horários locais. Seu organismo interpretará isso como uma complementação da noite.

Resumindo

✓ **Em viagens para leste**
 • A adaptação é pior, pois o dia é encurtado (o horário local é mais tarde do que o de casa).
 • Procure acordar e dormir mais cedo do que o habitual nos dias que antecedem o voo.
 • Procure dormir pouco durante as últimas horas de voo, para que você tenha sono no horário da noite local.

✓ **Em viagens para oeste**
 • A adaptação é facilitada pelo aumento do dia efetivo (o horário local é mais cedo do que o de casa).
 • Tente dormir e acordar mais tarde nos dias que antecedem o voo.
 • Não durma na chegada, esticando o horário de deitar-se para a noite local.

Melatonina é um hormônio sintético vendido sem receita que pode ajudar na adaptação ao novo fuso. Facilita o sono e ajuda a reorganizar os horários, principalmente se for iniciada com um comprimido por dia, dois dias antes da viagem, antecipando o próximo comprimido em uma hora ao do dia anterior. Em cinco dias consegue-se tirar as cinco horas de diferença.

Medicamentos: Indivíduos que necessitam tomar medicamentos em horários precisos (antibióticos, antiarrítmicos, anti-hipertensivos, antidiabéticos) devem manter os horários do local de partida e depois, aos poucos, adaptá-los aos novos horários, adiantando-os ou atrasando-os uma hora por vez.

Trombose Venosa Profunda (TVP)

Passar horas na mesma posição estimula a formação de coágulos nas pernas que podem subir com perigo para o coração, para os pulmões ou, excepcionalmente, para o cérebro.

Algumas companhias exibem vídeos durante o voo com exercícios específicos para melhorar a circulação.

O que acontece com o corpo

Ao ficar sentado por muito tempo, as veias profundas das pernas podem ser comprimidas pelo peso do corpo contra o assento.

A imobilidade da musculatura das pernas compromete o mecanismo de circulação venosa.

Essa combinação de fatores, sobretudo quando associada a outros como desidratação, uso de certos medicamentos, predisposição genética, pode levar à formação de trombos (coágulos) dentro das veias profundas. É a chamada Trombose Venosa Profunda (TVP).

Fatores predisponentes para a TVP

- Idade acima de 40 anos

- Gravidez
- Câncer atual ou passado
- Distúrbios sanguíneos que aumentam a coagulabilidade
- História pessoal ou familiar de TVP
- Cirurgia ou trauma recente de grande porte, especialmente sobre os membros inferiores ou abdômen
- Terapia hormonal com estrogênios, incluindo pílulas anticoncepcionais
- Estrogênios elevados no sangue
- Imobilização por um dia ou mais
- Desidratação
- Insuficiência cardíaca
- Veias varicosas
- Obesidade
- Tabagismo
- Infarto do miocárdio recente
- Acidente vascular cerebral prévio

Como minimizar a chance de TVP

- Mexa-se no assento, tanto quanto possível, variando sua posição
- Estique os braços acima da cabeça, com os dedos entrelaçados, como se estivesse espreguiçando, movimento que deve ser repetido pelo menos dez vezes
- Alongue suas pernas usando a poltrona como apoio
- Caminhe, movimente-se. Mantenha seus pés em movimento
- Exercite sua musculatura da panturrilha: fixe o calcanhar no chão e levante a ponta dos pés. Em seguida, fixe a ponta dos pés e levante os calcanhares. Para finalizar, fixe a ponta do pé e gire o calcanhar

- Esses exercícios devem ser feitos inclusive por quem não tem problemas circulatórios
- Beba muito líquido, cerca de um litro a cada três horas, pois o ar da cabine é muito seco
- Evite o excesso de álcool ou de bebidas ricas em cafeína, antes e durante o voo
- Evite a utilização de medicação para dormir
- Use roupas leves e confortáveis durante o voo
- Use meias elásticas durante o voo
- Passageiros com fatores de risco para TVP devem consultar um médico antes de viajar

Doenças infectocontagiosas: vírus viajam de avião

A expansão rápida das epidemias atualmente se deve aos 12 milhões de pessoas que voam diariamente, e aos filtros dos aviões, que permitem a passagem dos vírus.

Os filtros HEPA (High Efficiency Particulate Air) usados nas aeronaves são muito eficientes para vírus, bactérias e fungos. Porém, como tudo, não são perfeitos. Além disso, a contaminação pode se dar diretamente pelos passageiros.

Pessoas em fase ativa de doenças infectocontagiosas não devem voar.

Dessa forma, não são aceitos para o voo, por representarem riscos aos demais passageiros, portadores de tuberculose pulmonar em fase ativa e virose de transmissão respiratória (catapora, rubéola, sarampo etc.).

Mas as doenças mais facilmente transmissíveis em aviões são as gripes e os resfriados comuns.

Por isso, é aconselhável o uso de máscaras aos que estão em fase gripal de contaminação.

Lavar as mãos com frequência, com álcool gel, reduz o risco de contaminação.

Proteger a boca e o nariz ao espirrar e tossir é fundamental.

Diabetes

Se você é diabético, deve levar insulina e equipamentos (agulhas, seringas e glucosímetros) na bagagem de mão. A insulina não se degrada à temperatura ambiente da cabine.

Antes de viajar, você deve se aconselhar sobre a melhor hora da medicação e as eventuais modificações na dosagem de insulina, em função das alterações de fuso horário dos voos longos.

Leve consigo barras de cereais ou outras fontes de açúcar para que não ocorra hipoglicemia por jejum prolongado, pois sempre pode haver algum atraso tanto nos voos como no serviço de bordo.

Cirurgias

Passageiros submetidos a cirurgias em um período menor do que uma semana antes do voo devem sempre apresentar o MEDIF (Medical Information Form) preenchido pelo médico.

Após determinadas cirurgias que deixam ar dentro do corpo, é desaconselhado fazer viagens aéreas. São elas:
- Cirurgias abdominais convencionais ou por laparoscopia;
- Cirurgias de descolamento de retina (vitrectomias);
- Cirurgias torácicas com pneumotórax residual não drenado.

A expansão desse ar aprisionado pode causar desde um pequeno desconforto até situações de real emergência.

O que fazer se ocorrer indisposição a bordo

1. Comunique imediatamente ao comissário o que está sentindo;
2. Não se sinta envergonhado por não estar passando bem;
3. Tenha sua medicação à mão;
4. Acalme-se! Pense se já teve isso antes e como tratou;
5. Tome a medicação pertinente se você já conhece o sintoma ou se já foi tratado por médico em situação semelhante;
6. Acalme-se! Aguarde o efeito da medicação;
7. Se um médico for chamado, seja claro:
   - conte-lhe sumariamente seus sintomas;
   - mostre-lhe a medicação em uso;
   - diga-lhe qual o diagnóstico feito por seu médico, se for o caso;
   - por exemplo: estou com forte dor de cabeça, sou hipertenso, tomo betabloqueador.
8. Acalme-se! Aceite as decisões do médico que está lhe prestando atendimento, dos comissários e do comandante, se for o caso.

Kit médico do avião

Divide-se em um kit de equipamentos de primeiros socorros e um kit de medicamentos para os sintomas mais frequentes.

Há também uma farmácia de bordo com medicamentos que não exigem prescrição médica.

Em geral, trata-se de dispositivo com três gavetas, sendo uma delas lacrada e de uso exclusivo de um médico presente a bordo. Nela estão os medicamentos que exigem cuidados especiais.

Itens especiais do *kit* médico

Desfibrilador externo automático: Presente em muitos aviões (ver www.physio-control.com), esse equipamento, projetado justamente para ser operado por pessoa não médica, representa o estado da arte para o tratamento de arritmias cardíacas graves, podendo salvar vidas. Para sua correta utilização, os chefes de equipe de comissários são especialmente treinados de acordo com padrões da American Heart Association e da Sociedade Brasileira de Cardiologia.

Minimonitor cardíaco: Esse equipamento permite a observação contínua do eletrocardiograma e pode ser solicitado por médicos eventualmente presentes a bordo, em caso de necessidade. Possui um Guia de Referência Rápida, orientando sua utilização.

Macas / Cadeiras de rodas / Oxigênio

Estes recursos podem ser arranjados em contato com a Central de Reservas.

Solicitações de macas exigem 48 horas para confirmação. Cadeiras de rodas especiais para o transporte do passageiro até a aeronave estão sempre disponíveis.

Oxigênio está geralmente disponível em qualquer aeronave. Quando é necessário uso contínuo de oxigênio, pode ser disponibilizado através de garrafas especiais que permitem uma vazão de 2 ou 4 litros por minuto.

Não é permitida a utilização ou mesmo o transporte de garrafas de oxigênio não homologadas para uso aeronáutico, por representarem ameaça à segurança do voo.

Mobilização e alongamentos a bordo

Os passageiros de voos comerciais muito longos são acometidos por uma série de desconfortos físicos.

O tamanho das poltronas e o pequeno espaço entre elas, somados a dificuldades de locomoção durante os voos, ingestão limitada de água e uso excessivo de sedativos ou de bebidas alcoólicas podem levar o indivíduo à desidratação.

Ficar sentado em uma mesma posição durante horas pode provocar inchaço nos membros inferiores e dores nas colunas cervical e lombar.

Também são comuns a queixas de formigamento nos glúteos, nas coxas e nas pernas.

Pela imobilidade, as veias profundas das pernas podem ser comprimidas contra a borda dos assentos, dificultando a circulação de sangue e podendo levar à formação de coágulos em quem já tem predisposição.

A imobilidade prolongada não ocorre somente no avião. Em qualquer circunstância, quem tem predisposição à formação de coágulos na circulação está sujeito à trombose venosa.

Por isso, mexa-se sempre.

Dicas para evitar a imobilidade prolongada

- Não fique imóvel na poltrona: mude de posição com frequência (facilita a circulação)
- Não use roupas e calçados apertados
- Não coloque bagagens embaixo das poltronas (restringe o movimento das pernas)
- Evite cruzar as pernas (dificulta a circulação do sangue)
- Beba líquidos, como água e sucos (evita a desidratação)

- Se possível, não utilize soníferos (deixarão você imóvel por mais tempo)
- Evite o uso de bebidas alcoólicas (podem causar sonolência e desidratação)
- Realize periodicamente exercícios e alongamentos (os alongamentos, além de relaxar a musculatura contraída, permitem uma melhor circulação sanguínea)
- Ande, sempre que for possível e seguro

Dicas para antes de começar

- Alongue os músculos suavemente, o mais que puder, sem sentir dores intensas, e permaneça em cada posição entre 20 e 30 segundos
- Faça os exercícios dentro do seu limite, não exagere o movimento
- O exercício deve ser feito de maneira estática, nunca balançando;
- Nunca prenda a respiração
- Respire calmamente, buscando um maior relaxamento muscular
- A cada novo exercício de alongamento, cuide para não esbarrar nos passageiros ou objetos à sua volta
- Repita toda a série de exercícios a cada 2-3 horas

Sem sair da poltrona

Coluna cervical

Com movimentos e respiração lenta, realize a flexão e a extensão do pescoço, levando a cabeça primeiro para frente e depois para trás; em seguida, vire a cabeça para a esquerda e depois para a direita.

Flexione lateralmente a cabeça para a direita e depois para a esquerda, alternadamente, quase encostando a orelha no ombro.

Para finalizar, faça movimentos circulares igualmente lentos com o pescoço, alternando os sentidos horário e anti-horário.

Braços, punhos e mãos

Com os braços estendidos à frente do peito, abra e feche os dedos das mãos para ativar a circulação dos membros superiores.

Depois, estenda o braço e puxe a mão em sua direção. Repita duas vezes com cada braço, ora com a mão dobrada para baixo, ora para cima.

Ombros, costas e tronco

Para estes exercícios, afaste as costas do encosto da poltrona.

Com ritmo lento e constante, encolha os ombros como se fosse aproximá-los das orelhas.

Faça movimentos circulares simultâneos dos ombros para frente e para trás.

Coloque uma das mãos nas costas por cima da cabeça e com a outra segure o cotovelo. Repita com o outro braço.

Tendo cuidado para não esbarrar no passageiro da poltrona ao lado, estenda os braços para cima e para trás com os dedos entrelaçados e as palmas das mãos para o alto.

Flexione o tronco para frente, levando a cabeça em direção aos joelhos e as mãos aos pés. Repita pelo menos três vezes com movimentos lentos e permaneça assim por até 30 segundos, como indicamos nas orientações iniciais.

Volte a apoiar as costas na poltrona. Entrelace os dedos das mãos e segure um dos joelhos. Puxe uma das pernas para cima, aproximando a coxa do peito. Repita alternando as pernas.

Membros inferiores (coxas, pernas, tornozelos e pés)

Apoie os pés embaixo do assento da poltrona da frente. Realize a contração dos músculos durante alguns segundos, empurrando o assento para cima. Este exercício pode ser realizado simultaneamente ou com alternância das pernas e das coxas.

Realize a flexão dorsal do pé, ou seja, direcione o peito do pé para cima alongando os músculos posteriores da perna. Em seguida, execute o movimento contrário, fazendo a flexão plantar do pé contraindo a batata da perna.

Movimente as articulações dos tornozelos, fazendo movimentos circulares nos sentidos horário e anti-horário.

Pressione toda a sola dos pés contra o piso.

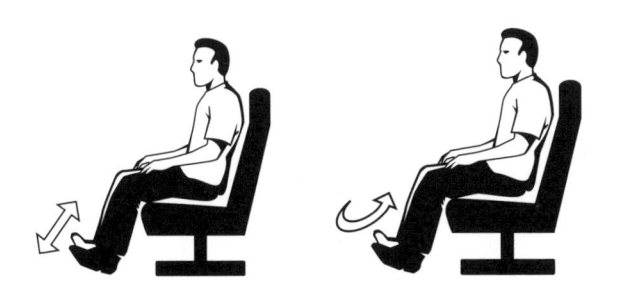

Quando for possível sair da poltrona

Alongando as pernas

Coloque uma perna à frente da outra; apoie os braços (por exemplo, na porta do banheiro) e projete o peso do tronco contra a superfície escolhida. Lembre-se de que o que está sendo alongado é a musculatura posterior da coxa. Logo, mantenha sempre o calcanhar da perna de trás encostado no solo.

Musculatura anterior da coxa

Apoie uma das mãos no encosto de uma poltrona ou na porta do sanitário. Flexione uma das pernas para trás até que a outra mão possa segurar o pé. Após 30 segundos, troque o grupamento esquerdo pelo direito.

Musculatura posterior da coxa e lombar

Basta flexionar o tronco para frente com os joelhos em semiflexão. Não esqueça de deixar a cabeça relaxada, solta para baixo.

Costas e glúteos

Fique em posição de cócoras, se possível com os calcanhares no chão. Repita três vezes e permaneça o tempo que for possível, sem ultrapassar os 30 segundos preconizados para os demais exercícios.

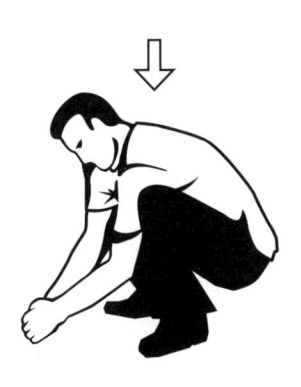

Musculatura do peito e anterior do ombro

No desenho, são utilizados os dois braços. Quando isso não for possível, use um braço por vez, respeitando o seu limite articular.

Capítulo 5

CUIDADO! FUTURO BEBÊ A BORDO

Grávidas podem viajar?

Uma gravidez normal dura em média 40 semanas, ou 269 dias. Como gravidez não é doença, as grávidas podem e devem viajar em qualquer meio de transporte se respeitarem algumas regras. A primeira delas é saber e aceitar que alguns incômodos ou imprevistos podem ocorrer.

Até a 36ª semana de gravidez, as companhias aéreas permitem que grávidas viajem em seus voos domésticos.

Já o limite para voos internacionais é a 35ª semana. Para minimizar os riscos de um parto antecipado pelas emoções da viagem, após esse período o transporte aéreo só ocorre em situações muito especiais. Além das emoções, a mudança de pressão atmosférica pode em alguns casos acelerar o trabalho de parto.

Por isso, seja previdente. Viaje antes, dentro do período permitido. Seja sincera com a companhia, diga-lhes exatamente o tempo de gravidez e sua condição física. Não oculte nada. Procure levar uma carta do seu médico com um relato de suas condições e a data provável do parto.

Se insistirem que você use cadeira de rodas, não seja vaidosa, aceite logo. Nessas circunstâncias, despache toda a bagagem, pois você precisará dos braços livres para cuidar da sua segurança e estabilidade, para apoiar-se e sentir-se confortável.

Portanto, viaje leve.

Também aceite o fato de que necessita de um maior número de pit-stops no toalete.

E que seus movimentos são mais lentos e, por isso mesmo, gasta mais tempo nos deslocamentos.

De qualquer forma, procure não se irritar, pois seu bebê não tem nada com isso. Não sei se funciona, mas já vi uma moça grávida falando com seu bebê, explicando o motivo da grande excitação, o avião, a viagem etc. Se o bebê entendeu ou não é irrelevante, pois ela pelo menos se acalmou por ter cumprido sua parte.

O período da gravidez mais seguro para viagens situa-se entre a 14ª e a 28ª semanas.

No início de qualquer gravidez existe o risco natural do aborto e da gravidez ectópica, o que pode representar um problema adicional na busca de atendimento de urgência durante a viagem.

Nos meses finais acresce-se o risco da prematuridade. Mas se a viagem é inevitável, certifique-se de que seu seguro cobre essa situação e de quais são os limites da cobertura.

Há situações em que grávidas devem evitar viagens de qualquer tipo:

- Se a pressão arterial estiver alta
- Se houve sangramento vaginal em qualquer momento da gravidez
- Se você for diabética, epilética ou estiver severamente anêmica
- Nessas situações, consulte seu médico. Aconselhe-se!

A vacinação muitas vezes é necessária para se entrar em alguns países. As seguintes vacinas podem ser realizadas com segurança após 12 semanas de gravidez:

- Febre tifoide injetável
- Hepatite A e B
- Difteria
- Raiva
- Meningite meningocócica

As seguintes vacinas devem ser evitadas durante toda a gravidez:
- Febre amarela
- Febre tifoide oral
- Tríplice (sarampo, varicela e rubéola)

Para grávidas e não grávidas, a revisão de saúde antes da viagem inclui, certamente, uma visita ao ginecologista.

Gravidez ectópica e sangramentos não respeitam hora e local. Foi o que aconteceu com uma pessoa que conheço, que teve de ser operada com urgência no navio, em pleno cruzeiro pelos mares do sul.

Estou grávida. Posso viajar?

Grávidas não podem viajar para países que exijam vacinação com vírus vivos ou atenuados (sarampo e febre amarela, por exemplo), pela impossibilidade de receber essas vacinas. Se já estiverem imunizadas antes da gravidez, ainda assim devem respeitar o limite de realização de viagens domésticas até 36 semanas e internacionais até 35 semanas.

Mesmo assim, em qualquer tempo as grávidas devem manter-se ativas durante a viagem, movimentando as pernas como se estivessem pedalando uma daquelas máquinas de costura antigas, caminhando e bebendo muito líquido.

Capítulo 6

SOU CARDÍACO, POSSO VIAJAR?

Lembro-me de que, durante os primeiros anos de minha carreira, os infartados eram tratados praticamente como bibelôs. Não podiam fazer exercícios nem esforços físicos adicionais. Estavam condenados ao sedentarismo e à ociosidade. Felizmente, aqueles tempos passaram. Hoje, após um infarto do miocárdio devidamente tratado, os indivíduos são envolvidos em programas de reabilitação e tornam-se, às vezes, melhores atletas do que os não infartados.

Por isso, as restrições de viagem desapareceram. É óbvio que, no primeiro mês após o infarto, somente viagens necessárias devem ser realizadas, como retornar à sua cidade após a hospitalização. Isso porque é nesse período que se concentram as maiores complicações, que vão se tornando mais raras com o passar do tempo.

Passado tal período, os pacientes são levados à reabilitação por exercícios, o que os condiciona fisicamente. A partir daí, na maioria dos casos, as viagens estão liberadas porque:

- A medicação já está estabelecida
- Os sintomas já não existem
- A avaliação diagnóstica do risco de novos infartos já foi concluída

Obviamente, o cuidado com a medicação é fundamental. Por isso, os remédios devem viajar junto. Uma paciente cardíaca disse-me que, enquanto a bolsa dos remédios fosse menor do que a bolsa da toalete pessoal e da maquiagem, ela seguiria viajando.

Além disso, aconselha-se levar um eletrocardiograma e uma receita médica recentes com o modo de utilização dos medicamentos.

Também é bom levar nas viagens internacionais um relatório médico em inglês e português com o resumo de seu caso, para facilitar o atendimento.

Em casos especiais, pode-se requerer o uso do oxigênio durante o voo.

Geralmente, os infartados que não viajam justificam-se de três formas:

- **Se acontecer algo comigo, a barreira da língua não será um transtorno?**
- **Como conseguirei atendimento médico em uma situação de urgência?**
- **Vou ficar ansioso? Vou fazer esforços? Não sei se terei condições.**

Os três problemas são verdadeiros, porém, como outros cardíacos já viajaram antes, aos milhares, a solução para eles já está estabelecida. Em qualquer lugar do mundo onde exista fluxo de turistas, haverá uma organização médica de apoio para emergências, que também leva em consideração as dificuldades com a língua. Por outro lado, a viagem pode trazer ansiedades e esforços. A avaliação do médico é fundamental. No entanto, respondendo o questionário a seguir, é possível agrupar os pacientes em três faixas de risco. Obviamente, só os de baixo risco devem viajar.

1) **Quando você teve sua última crise de angina?**
   a) na última semana
   b) entre 30 dias a 6 meses
   c) entre 6 a 12 meses
   d) há mais de 1 ano
   e) nunca

2) **Você tem tido dores anginosas regularmente?**
   a) todos os dias
   b) todas as semanas
   c) 1 a 3 vezes por mês
   d) 1 a 3 vezes nos últimos 2 meses
   e) nunca

3) **Que tipo de esforço lhe causa dor no peito ou desconforto/cansaço?**
   a) caminhar 50 metros no plano
   b) correr 100 metros
   c) subir dois lances de escadas
   d) subir um lance de escadas
   e) nenhuma das alternativas acima

4) **Você tem dor ou desconforto no peito quando:**
   a) recebe uma má notícia
   b) se incomoda com parentes ou amigos
   c) se assusta
   d) apanha frio
   e) nenhuma das alternativas acima

5) **Com que frequência seus pés incham:**
   a) estão sempre inchados
   b) já acorda com eles inchados

c) no fim do dia ou em viagem
   d) apenas ocasionalmente
   e) nunca

6) **Você tem falta de ar quando:**
   a) em repouso
   b) corre 100 metros
   c) sobe dois lances de escada
   d) caminha 100 metros
   e) nenhuma das alternativas acima

7) **Você toma os seguintes grupos de medicamentos:**
   a) vasodilatador coronário sublingual frequente
   b) betabloqueador
   c) vasodilatador
   d) todos acima
   e) nenhum dos acima

8) **Você tem pressão elevada?**
   a) sempre
   b) somente pela manhã
   c) às vezes, durante esforços e emoções
   d) ocasionalmente, durante esforços e emoções
   e) nunca, está sempre normal

Se as respostas forem cinco ou mais **A**, você não deve viajar. Se forem cinco ou mais **E**, parabéns, você está em forma! Se se distribuírem entre **B, C** e **D**, procure seu médico e deixe que ele decida por você sobre suas condições de viajar.

Confira as contraindicações cardíacas para viagens aéreas

O voo é desaconselhável nos seguintes casos:
- Infarto agudo do miocárdio não complicado há menos de três semanas
- Infarto agudo do miocárdio complicado há menos de seis semanas
- Angina instável
- Insuficiência cardíaca grave ou descompensada
- Acidente vascular cerebral (derrame) há menos de duas semanas

Capítulo 7

SOU PORTADOR DE MARCAPASSO, ESTOU LIBERADO PARA QUALQUER VIAGEM?

O marcapasso cardíaco já se tornou quase tão comum quanto o rádio de pilhas. Talvez não haja tantos portadores, mas todos sabem o que é e para o que serve.

– O marcapasso é um dispositivo eletrônico, pouco maior do que um isqueiro, que tem a função de regularizar os batimentos cardíacos, impedindo que diminuam a frequência

– São, em geral, implantados abaixo da pele, na região peitoral (acima do mamilo esquerdo ou direito)

– São aparelhos automáticos e normalmente precisam de revisões semestrais em clínica especializada, que dispõe do equipamento necessário para testar o seu funcionamento e detectar precocemente o desgaste da bateria ou de seus componentes eletrônicos

– O marcapasso transmite um aviso de fim da bateria com bastante antecedência, o que permite a total segurança do paciente

Por se tratar de dispositivo eletrônico complexo, evitam-se interferências eletromagnéticas sobre o marcapasso. Algumas dessas interferências, vindas de equipamentos de telefonia celular ou de campos magnéticos de detecção de metais nos aeroportos, podem alterar os parâmetros de seu funcionamento, variando a sua frequência, por exemplo.

Há casos relatados em que o paciente, ao cruzar pelo detector de armas, apresentou um desmaio que se resolveu espontaneamente no momento em que este, perdendo os sentidos, caiu para fora do campo eletromagnético do detector.

Os aeroportos anunciam amplamente a necessidade de os portadores de marcapasso evitarem o detector de metais, sendo revisados manualmente pelos agentes de segurança.

No avião, não existem campos magnéticos suficientemente intensos para interferir no marcapasso.

Uma vez feita a revisão semestral e todos os parâmetros eletrônicos e clínicos estando normais, não há impedimento algum de viajar.

Interferências nos marcapassos são esperadas onde existirem grandes campos magnéticos. O exemplo mais gritante é o que ocorre com grandes geradores, como os de uma usina elétrica.

Muito poucos dispositivos eletrônicos interferem nos marcapassos. Controles remotos de televisores, de equipamentos de som ou de porta de garagem certamente não o fazem.

Telefones celulares digitais interferem mais do que os analógicos, porém a simples providência de usá-los na orelha oposta ao marcapasso já os distancia o suficiente para evitar a interferência.

Na verdade, o telefone celular só atua a menos de 6cm do marcapasso. Não se deve colocá-lo, portanto, no bolso da camisa ou do casaco que esteja em contiguidade com o marcapasso.

Como já dissemos, a interferência pode redundar em dano temporário, ou até definitivo, ao marcapasso. Mais comumente, ocorre a "programação-fantasma", ou seja, alteram-se os parâmetros de funcionamento aleatoriamente. Por exemplo, um marcapasso que comandava o coração com 70 estímulos elétricos por minuto pode cair para 30 ou passar a 120. Depende da situação e da própria qualidade da interferência.

Geralmente, pacientes portadores de marcapasso tomam medicação cardiovascular. A regra é a mesma para todos: leve consigo seus medicamentos na bagagem de mão, bem como um relatório do seu médico em espanhol e inglês, para facilitar a compreensão de seu problema em um momento de crise.

Os portadores de marcapasso geralmente possuem uma carteira plastificada com as características do aparelho, o tipo de funcionamento, o tempo de uso e a identificação do médico responsável, junto com seu telefone. Carregue-a sempre na sua carteira. Ela poderá ser útil algum dia.

Uma última recomendação: observe sempre a coloração da pele sobre o marcapasso. Se, após uma batida ou queda, existir edema na região e/ou coloração violácea, um médico deve ser consultado.

Portanto, não havendo alterações eletrônicas do aparelho, detectáveis através da análise feita na clínica especializada, ou alterações de seu estado cardiovascular, diagnosticadas pelo seu médico, viaje feliz!

Capítulo 8

UMA SAUDÁVEL VIAGEM DE AUTOMÓVEL

Uma saudável viagem de automóvel começa também pela revisão de saúde dos passageiros. Viajar de carro é uma forma de estimular a convivência familiar. Todos juntos no mesmo espaço físico durante dias, em clima de férias, visitando lugares desconhecidos: essa é a fórmula para a construção de momentos mágicos e inesquecíveis.

Viajar de carro não exclui as demais informações deste livro e também acrescenta algumas.

Alguns acordos devem ser preestabelecidos:
- A pressa é inimiga de um final feliz. Aumentar a velocidade para chegar mais cedo ao hotel pode provocar um atraso ainda maior
- Imprevistos acontecem. O ar-condicionado deixar de funcionar em pleno calor nordestino é um imprevisto desagradável que deve ser aceito por todos até ser resolvido
- A organização facilita a vida. Deve-se organizar o ambiente do carro, as malas a serem desembarcadas em cada hotel, os roteiros, horários etc

Aceitas essas premissas e cumpridos os preceitos dos demais capítulos, aqui vão algumas dicas que podem tornar sua viagem de automóvel mais saudável:

Leve um telefone celular com adaptador para recarregar no isqueiro do carro. Certifique-se de que ele tem condições de funcionar nos vários locais por onde planeja passar.

Se você pretende viajar para fora do país com seu próprio carro, descubra no consulado quais são os documentos necessários para os passageiros e o veículo. Chegar à fronteira sem ultrapassá-la é uma das piores frustrações que podem existir.

Faça um check-up com o mecânico de sempre, que já conhece você e o seu automóvel. Para que arriscar?

Revise os pneus, inclusive o sobressalente.

Se você for alugar um automóvel, leve em conta a qualidade da locadora. Os carros estarão em melhor estado.

Decisões sobre o carro a ser alugado: tamanho é importante, espaço para malas é fundamental, habilitação para mais de um motorista é aconselhável, ar-condicionado pode ser necessário.

Uma segunda chave na bolsa de sua mulher ou mesmo com você pode ser um fator decisivo para evitar incômodos.

Saber as condições climáticas da rota escolhida, os hotéis disponíveis e os locais a serem visitados só torna a sua viagem mais saudável, sem tirar o informalismo e a sensação de liberdade que só o carro transmite.

Mapas são sempre necessários.

Atualmente, o conforto de alugar um GPS permite uma viagem mais segura, mais rápida e sem desvios de rotas.

A escolha das malas

Certamente a bagagem é um fator importante nas viagens de carro.

Para segurança, o ideal é que todas as malas e sacolas fiquem no porta-malas. O interior do carro deve estar vazio para evitar roubos.

Antes de decidir sobre malas e seu conteúdo, você deve responder às seguintes perguntas:

- Cabem no veículo?
- Consigo carregá-las?
- Roupas e objetos frágeis ficarão bem-acomodados?
- Têm rodas?

O que levar

As sugestões não são diferentes das listadas no Capítulo 3.

Três fatores devem ser levados em conta na escolha da roupa:
- Tempo de viagem
- Clima no roteiro
- Objetivos da viagem

Facilitadores a bordo

Detalhes que podem ajudar em viagens de carro, de preferência reunidos no porta-luvas ou em bolsa apropriada:
- Abridor de lata, de rolha, de tampa de garrafa
- Kit de medicamentos do *Boa viagem!*
- Kit de primeiros socorros
- Kit de costura
- Kit de toalete para viagem
- Kit de cuidados com os óculos e lentes de contato
- Canivete com múltiplas utilidades
- Lenço de papel
- Mapas
- Lanterna
- Caneta e bloco de anotações
- Protetor inflável de pescoço
- Documentos do carro e do seguro
- Telefones de emergência da companhia seguradora e do "socorro-mecânico" (tipo Touring Club)

- Telefone celular com carregadores para carro e para tomada 110/220v (bivolt)
- Equipamento "viva-voz" para telefone celular. No entanto, não esqueça que quem deve usar o celular é um dos passageiros, e nunca o motorista.

Segurança em viagens de carro

Escolha rodovias mais movimentadas.
Respeite todos os princípios de "direção segura".
Não viaje com sono. Não dirija durante suas horas normais de sono.
Respeite o limite do cansaço do motorista e dos passageiros.
Pare a cada duas horas, caminhe e alongue-se.
Nunca viaje mais de oito horas seguidas.
Passar o tempo em viagens de carro é uma arte a ser aprendida para evitar o cansaço. Seja criativo: ouça música de CD, MP3 ou fita cassete, faça jogos de palavras, estimule canções em grupo, competição de anedotas, leitura etc.
Para evitar roubo, ao sair do carro não deixe à vista bolsas, máquina fotográfica etc.
Estacione sempre em local seguro.
Observe a presença de pessoas estranhas ao redor de seu carro.
Não entre em disputa pessoal com outros motoristas.

Alimentação em viagens de carro

Cuidado com a escolha do restaurante de beira de estrada. Você poderá ter dificuldades de esquecê-lo para o resto de sua viagem.
Mantenha uma bolsa térmica no carro com água, frutas, sanduíches.

Inclua utensílios como copos, guardanapos, canivete de múltiplo uso, abridor, canudos para refrigerantes.

Use garrafas de água e refrigerantes com tampa, para evitar vazamentos.

Selecione alimentos saudáveis em restaurantes para não comprometer o bom andamento da viagem.

Viajando de carro com crianças

Além da parafernália necessária para bebês e crianças menores, crianças maiores necessitam de entretenimento.

Mantenha as crianças ocupadas com livros infantis, livros de colorir, brinquedos, jogos eletrônicos, música individual (tipo iPod, MP3).

Procure não perder a paciência se:

- Tiver um pneu furado.
- As crianças fizerem muito barulho.
- Ou se passarem todo o tempo perguntando "Já chegamos?", "Falta muito?".
- A estrada estiver necessitando de reparos.
- Você se perder.

Cuidado: viajar de carro não é tão seguro quanto você pensa

Acidentes podem ocorrer até com o mais seguro dos motoristas.

Nos Estados Unidos, segundo a Federal Highway Administration, ocorrem mais de 6 milhões de acidentes de carro por ano, dois terços envolvendo só danos materiais e apenas 0,5% resultando em fatalidades.

A maior causa dos acidentes é o excesso de velocidade.

Seja cuidadoso. Pense em você e em sua família. Dirija nos limites recomendados de velocidade.

Se estiver dirigindo, não beba. Se beber, não dirija.

Cinetose no automóvel ou enjoo a bordo

Não é diferente da situação enfrentada em aviões ou navios (ver Capítulo 4).

É causada pela confusão entre os estímulos visuais chegados ao cérebro e outras informações vindas de órgãos que detectam movimento, como o labirinto, situado no ouvido médio.

Ocorre mais frequentemente em crianças, durante leitura com o carro em movimento ou em estradas sinuosas.

Sugestões para evitar a cinetose no carro

- O uso de Dramin meia hora antes do início da viagem pode ajudar.
- Sente na frente do carro com a cabeça tão imóvel quanto possível.
- Fixe os olhos em um objeto distante.
- Tome ar puro. Abra as janelas.
- Não beba álcool, não fume.
- Não fique de estômago vazio. Alimente-se levemente com uma fruta.

Em automóveis, a melhor posição para quem está sentindo os efeitos da cinetose é sentar-se à frente, no centro do carro, com ventilação intensa, mantendo os olhos fechados ou fixando-os em um ponto distante. Em navios e aviões, deve-se buscar a posição mais central possível, onde o movimento é menor, sentar-se ereto, bem apoiado no encosto, com os olhos fechados.

Viajando de carro com animais

Cuidados especiais são necessários. A viagem com um cãozinho deve ser planejada, pois deverá respeitar seus horários e sua necessidades.

Além disso, nem todos os hotéis recebem animais, o que deve também ser antecipado. (Veja o Capítulo 13 para outras dicas.)

Capítulo 9

UMA SAUDÁVEL VIAGEM DE NAVIO

Escolhendo o roteiro

Um dos segredos de uma viagem de navio, os populares cruzeiros que mobilizam tantos turistas atualmente, é o planejamento.

Escolher o roteiro significa também selecionar a companhia, pois existe uma certa especialização entre elas. Há as que atuam mais no Caribe, outras no Mediterrâneo etc.

O roteiro também está intimamente ligado à época do ano. O Caribe, por exemplo, de outubro em diante é mais assolado por furacões, que podem perturbar a viagem.

O tempo de duração do cruzeiro também é importante. Se você é marinheiro de primeira viagem, opte no máximo por 7 dias. Gostando, nos próximos você pode ampliar até para mais de 30 dias como preferem alguns fanáticos.

Há roteiros com mais tempo de navegação e outros com mais escalas. Você deve definir o que prefere.

Escolhendo o navio

As opções são muitas, mas podem se resumir em duas: navios grandes ou pequenos.

São considerados grandes os que levam mais de 3 mil passageiros e 1,5 mil tripulantes.

Os pequenos têm menos da metade dessa população. Você deve definir onde se sente melhor.

Os grandes são verdadeiros hotéis cinco estrelas, integrados a um shopping center, navegando em absoluta estabilidade. Os pequenos oferecem um serviço mais personalizado, porém menos oportunidades de lazer.

Escolhendo a cabine

Para quem enjoa facilmente ao balanço das ondas, a escolha da posição da cabine é fundamental.

A prioridade é a busca de posições mais centrais em relação à proa e à popa e nos deques superiores. Nesse ponto há menor sensação de movimento.

Os modernos navios de cruzeiros possuem estabilizadores de grande qualidade que impedem movimentos verticais e laterais de intensidade maior...

As cabines nos modernos navios se assemelham a quartos de hotel, o que facilita muito as atividades de higiene, de vestir, de guardar roupas etc. E só se faz mala uma vez: no dia do desembarque. Essa é a grande vantagem do navio.

Embarque

Tenha sempre à mão documentos pessoais e o talão de passagens emitido pela companhia de cruzeiro, bem como o contrato legal firmado entre ambas as partes.

Tenha sempre à mão o número da cabine, as etiquetas das malas, numero de telefones da companhia marítima, informações com horários e itinerários, vouchers dos translado.

Fique atento aos países que solicitam vistos e/ou passaportes.

A carteira de vacinação deve estar em dia, principalmente para viagens internacionais (vacinas contra gripe, malária, rubéola, febre amarela etc).

Esteja atento ao fuso horário e se o horário de verão está em vigor. Isso evita atrasos e transtornos na hora de embarcar. Procure se informar sobre o local de embarque antes da viagem, pois isso evita transtornos na hora de embarcar.

Deve-se fazer cópias dos documentos (carteira de identidade, passaporte, cartões de crédito) e guardar em locais diferentes, para segurança.

Amigos ou familiares devem ter o telefone do navio para casos de emergência.

Os embarques costumam ser muito organizados, apesar das milhares de pessoas que se apresentam em poucas horas.

Em primeiro lugar, entregue as bagagens devidamente identificadas com as etiquetas fornecidas previamente pela companhia. Elas chegarão até você diretamente em sua cabine.

Em seguida, entre na fila da documentação, onde você entregará seu passaporte que daí em diante será responsabilidade da companhia marítima.

Em troca, você receberá seu cartão de identificação do navio, que será usado como crédito em todas as suas despesas a bordo e como identificação em suas escalas.

Aborde o navio à procura de sua cabine não sem antes bater a tradicional foto de embarque.

Para pessoas com dificuldade de locomoção, a companhia marítima deve disponibilizar o serviço de cadeira de rodas com um assistente, que o levará até a cabine, passando por todas as filas sem se perder ou se aborrecer.

Após o embarque, o turista deve fazer uma exploração pelo navio, observando os caminhos que levam à sua cabine e ao deque de embarque do bote salva-vidas em caso de emergência.

Ao final do embarque, todos os passageiros devem estar presentes no pronunciamento do diretor do cruzeiro, que irá falar e exemplificar o exercício de evacuação do navio.

O exercício consiste em o passageiro ir até a sua cabine, pegar o colete salva-vidas e voltar o mais rápido possível para o deque do bote salva-vidas.

Cada passageiro tem seu lugar marcado em um bote salva-vidas e recebe a orientação de como chegar até ele em caso de emergência.

Há instruções na porta da cabine, e haverá tripulantes pelos corredores e escadas que o conduzirão, em caso de emergência.

Esse procedimento é obrigatório de acordo com a International Maritime Organization (IMO).

Grávidas

Devem embarcar com autorização médica, não sendo recomendadas viagens para gestantes acima da 28ª semana de gravidez.

Atendimento médico

As enfermarias são bem abastecidas com medicamentos, aparelhos de raio X e monitor cardíaco.

A equipe médica está sempre de prontidão, 24 horas. Para um mínimo de 100 passageiros, o navio disponibiliza 1 médico e 1 enfermeira, mas para navios maiores há 2 médicos e 3 enfermeiras.

Porém, não se surpreenda com a conta. É certamente o hospital mais caro do mundo. Por isso, um seguro de viagem é importante para ressarcir estas despesas posteriormente (ver capítulo 11).

As despesas de saúde dos navios podem ser debitadas em cartões de crédito.

O melhor é não precisar. Por isso, leve seu kit de medicamentos do capítulo 3.

Caso precise de atendimento periódico, informe a companhia marítima.

A utilização dos serviços de enfermaria é cobrada à parte no cruzeiro. O valor varia conforme o cruzeiro. Os serviços são geralmente caros.

Em casos de emergência que não possam ser solucionados a bordo, o capitão pode pedir o resgate por helicóptero ou fazer uma parada de emergência no porto mais próximo, o que pode sair muito caro.

Morte a bordo

A morte de passageiros pode acontecer em especial em cruzeiros mais longos.

Caso isso ocorra, o corpo é colocado em um refrigerador próprio, próximo à enfermaria.

Despachar o corpo para casa custa mais e pode levar mais tempo, em função da papelada e da liberação do cadáver, sendo inúmeras as autoridades envolvidas, principalmente no exterior.

Segurança a bordo

Navios costumam ser muito seguros, mas de qualquer forma nunca deixe seus pertences desassistidos: máquina fotográfica, notebook etc. devem ficar próximos a você

Todos os cuidados sugeridos no Capítulo 10 se aplicam a uma viagem de navio.

Alimentação

Este talvez seja o maior risco para a sua saúde em uma viagem de navio.

A cozinha do navio depende muito da sua bandeira, ou seja, da sua nacionalidade. Mas em todos eles existe um toque internacional. O problema principal, no entanto, é a quantidade. A disponibilidade de alimentos de todos os tipos é imensa, não havendo quem resista à tentação de exagerar.

Os mais cautelosos seguem comendo a bordo o que já faziam uso em casa. Os incautos ganham alguns quilos em tempo recorde.

Hábitos saudáveis

Uma viagem de navio deve antes de tudo ser um bom momento para relaxar, compartilhar com amigos e familiares do tempo que não dispomos no dia a dia em casa. É também um momento de reflexão, de revisão de vida, de estabelecimento de planos saudáveis para o futuro.

No navio, há um clima mágico para resoluções que se tornam duradouras, principalmente aquelas que envolvem estilo de vida e bem-estar.

Exercícios

As academias dos navios são privilegiadas, pois além de serem dotadas de excelente equipamento e de bons profissionais de educação física, sempre há um cenário encantador: o azul do oceano e suas contínuas variações.

Procure manter o seu programa de exercício se você já os executa normalmente em casa. Não aumente, não exagere, simplesmente continue.

Se você não se exercitava antes da viagem, inicie caminhando no deque superior, onde existe uma pista circular que você pode usar diariamente, deliciando-se com a paisagem marinha.

Na academia, pegue leve: você é um principiante. Declare isso ao profissional que o acompanhar.

Lazer

Seja jogando no cassino, assistindo aos shows ou dançando nos "clubs", aproveite suas férias. Informe-se de todas as possibilidades de lazer que o navio lhe oferece.

Cinetose (enjoar ou marear)

Isso pode facilmente estragar seu cruzeiro, mas hoje é menos comum devido a estabilizadores presentes nos navios, em especial nos grandes.

Caso haja algum sintoma, medicamentos para sanar a sensação de enjoo são distribuídos gratuitamente pela tripulação a bordo.

Previna-se: compre uma cabine nos dois primeiros deques, de preferência do centro à popa do navio.

Evite olhar para fora das janelas.

Tome, se necessário, um comprimido para enjoo, antes do navio zarpar, para evitar estragar seu primeiro dia de viagem.

Evite ler enquanto o navio estiver balançando.

Quando mareado, procure um lugar ao ar livre, respire bem fundo, coma bolachas e evite líquidos.

Em casos mais sérios, compareça à enfermaria, e o médico lhe aplicará uma injeção.

O que foi proposto para tratamento da cinetose no avião vale também no navio (ver Capítulo 4). As sugestões são comer pouco, evitar bebidas com gás, movimentar-se pouco, tomar medicação anticinética e antiemética (no caso, a melhor escolha é o Dramin).

Há quem diga sentir-se melhor ao ar livre na amurada, olhando o horizonte.

Outros dizem preferir fechar-se em sua cabine sem ter a sensação de movimento.

Portos de escala

Descer por algumas horas nos portos de escala é uma excelente distração e permite interromper a sensação de mareio. É, portanto aconselhável.

O documento válido é o cartão do próprio navio, já que o passaporte fica retido nele.

O navio sai no horário preciso predeterminado. Uma hora antes, todos devem estar a bordo, pois ele parte sem os retardatários.

Desembarque

Seus passaportes são devolvidos no último dia.

Você deve saldar sua conta também no último dia.

As malas devem ser colocadas na porta da cabine na noite anterior ao desembarque e são retiradas durante a noite e levadas ao porão. Você as reencontrará no armazém do cais agrupadas provavelmente pelo número do deque (andar do navio).

Sugestão: leve em uma maleta de mão seus últimos objetos da noite.

O vírus também viaja de navio

Gripes e diarreias são os maiores problemas de saúde em cruzeiros de navio (ver Capítulo 14).

Norovírus (*norwalk*)

Infecção muito comum em viagens de navio, causando: náuseas, vômitos, diarreia e dor abdominal.

A transmissão ocorre pela ingestão de alimentos contaminados (frutas e verduras) ou de pessoa para pessoa, por isso é recomendado que se lavem sempre as mãos a bordo.

Quando contaminada, a pessoa apresenta os primeiros sintomas em 24-48 horas, e se cura após 24-60 horas.

Como a proliferação da doença ocorre rapidamente, a prevenção e o controle são rigorosos. A tribulação está sempre correndo contra o tempo e se precavendo, limpando e desinfetando as instalações do navio.

O site www.cdc.gov/nceh/vsp/ mostra a pontuação de seu navio, conforme as exigências de limpeza, contaminação e manutenção, fornecendo também informações para sua viagem de navio para rotas internacionais.

Prevenção das diarreias:

- Comer apenas alimentos bem cozidos e beber apenas água filtrada
- Não beber água de procedência duvidosa
- Lavar sempre as mãos, e se possível utilizar álcool após utilizar o banheiro
- Evitar alimentos que tenham sido mantidos em temperatura ambiente ou ao ambiente por várias horas (comida de rua e de vendedores de praia)
- Evitar frutas com pele danificada
- Evitar gelo de procedência duvidosa
- Evitar os pratos que contenham ovos crus ou malcozidos
- Escovar os dentes com água filtrada

- Beber bastante líquido, evitando a desidratação nos casos de diarreia
- Se a diarreia não reverter em um dia, é necessária a utilização do soro caseiro (6 colheres de açúcar e 1 de sal, para 1 litro de água)
- A diarreia do viajante pode afetar até 80% dos passageiros de um navio que viaja para áreas de higiene sanitária desconhecida ou menos desenvolvida
- Crianças, idosos, mulheres grávidas, lactentes e pessoas com deficiência imunológica são mais suscetíveis a infecção por esses vírus

A alimentação do navio costuma ser saudável e segura.

Prevenção das gripes:

- Evitar lugares fechados, com muitas pessoas
- Evitar contato com pessoas que estejam gripadas
- Melhorar a circulação do ar no ambiente
- Lavar as mãos com água e sabão frequentemente para diminuir o risco de se contaminar
- Utilizar álcool gel 70°, sempre que possível
- Usar máscara, de forma que cubra a boca e o nariz

Cuidados:

- Viajantes que apresentam febre, dores no corpo e se originam de lugares com surtos de gripe devem dirigir-se à autoridade de saúde do aeroporto
- Crianças, idosos, mulheres grávidas, lactentes e pessoas com deficiência imunológica são mais suscetíveis a infecção por esses vírus
- Pessoas que viajam para o hemisfério oposto no período de inverno têm risco maior de ter gripe

- A transmissão se dá por contato com as mãos em corrimões e mesas. Portanto, quanto menos você se encostar em objetos e quanto mais você lavar as mãos, mais seguro você estará

Portadores de deficiência

Os navios mais modernos disponibilizam de três a seis cabines adaptadas com elevadores próximos.

É recomendado que, ao contratar um serviço de cruzeiro, se entre em contato com o agente de viagens e um funcionário da companhia para esclarecer suas duvidas, pois até mesmo navios da mesma companhia oferecem diferentes condições e facilidades aos portadores de deficiência física.

Ao chegar à cabine, procure o camareiro e avise que você ou seu acompanhante é portador de alguma deficiência física, para que os cuidados especiais sejam postos em prática.

As normas internacionais exigem a presença de uma equipe treinada para casos de evacuação emergencial, comparecendo à sua cabine e o conduzindo ao ponto de embarque no bote salva-vidas.

Deficientes visuais

As companhias contam com menus, elevadores e números de cabines em braile.

Deficientes auditivos

As companhias possuem equipamentos de auxílio auditivo, em especial para os avisos de emergências.

Capítulo 10

SEGURANÇA EM VIAGENS

Viver tem seus riscos. Não há local completamente seguro no mundo. Quando não há fatores explícitos de violência, ainda assim podemos ser agredidos pela poluição, pelo mosquito que transmite a malária ou por outros agressores ainda menos óbvios. Nem por isso deixamos de sair de casa todas as manhãs para enfrentar a vida. Da mesma forma, também não deixaremos de viajar por outros recantos do mundo. O prazer das viagens não é alimento para medrosos e inseguros.

Podemos, no entanto, minimizar os riscos que corremos em nossas viagens. Praticamente todas as cidades do mundo têm seu "outro lado". A primeira decisão, portanto, é não visitá-lo.

Se for, no entanto, uma atração turística, geralmente há excursões organizadas que evitam incômodos desnecessários. Andar em grupo, escolher cuidadosamente o roteiro e informar-se sobre sua segurança com o porteiro do hotel são alguns truques antigos, mas que sempre funcionam.

É bom observar, já ao sair do hotel, a presença de pessoas, registrando suas fisionomias. Se tornar a vê-las durante o dia e não forem turistas como você, cuidado! Isso pode não ser obra do acaso.

Caminhar pelas ruas com um olho voltado para trás tem suas vantagens. Segundo os especialistas em segurança, o assaltante prefere os distraídos e nunca os que já notaram a sua presença.

Óculos escuros auxiliam, pois impedem o ladrão de saber se você já o flagrou.

Carteira e dinheiro devem ser levados junto ao corpo, de preferência em porta-notas de tecido, costurado ou vestido por dentro da roupa íntima.

Joias e valores maiores em dinheiro devem ficar no hotel, no cofre individual (safe deposit box) de que praticamente todos os hotéis de turistas dispõem.

Da mesma forma, o **passaporte** e outros documentos importantes devem também ser deixados no cofre do hotel, levando-se somente uma cópia deles no bolso.

Passagens aéreas não devem sair do cofre do hotel.

Sugerimos uma verdadeira rotina de segurança que se inicia ao fazer as malas. Objetos de valor desnecessários devem ser deixados em casa.

O **relógio de viagem** é aquele no qual é fácil de trocar o horário na mudança de fuso e que não deixa saudades se for roubado.

As mulheres devem levar seus adornos de menor valor e que não chamem demais a atenção, mesmo sendo "fantasia", para evitar uma agressão física desnecessária e de consequências imprevisíveis.

Mesmo objetos de uso pessoal, como **perfumes** caros, por exemplo, aconselha-se transferir para um frasco menor que ocupe menos espaço e não chame muito a atenção.

Dinheiro

O manuseio de dinheiro ficou muito facilitado com os cartões de crédito. Deve-se levar em viagem o suficiente para as despesas menores do dia a dia, debitando no cartão contas de hotel, aluguéis de carro, jantares e passeios.

Mesmo assim, cuidados especiais, como o uso de porta-notas junto ao corpo, não são demasiados. Em certas cidades, sair à noite é uma aventura, pois a criminalidade atinge até bairros mais frequentados por turistas. É uma boa decisão, nesses casos, combinar com o porteiro do hotel o uso de um táxi especial para o traslado de ida e retorno.

Caminhar despreocupadamente pelas ruas à noite talvez não seja aconselhável nem no próprio bairro em que você vive, quanto mais em cidades como Nova York, Milão, Londres ou Paris.

Hotéis

Os hotéis também exigem cuidados. Espalhar desorganizadamente as compras pelo quarto pode ser uma oportunidade para estimular a curiosidade e a cobiça de algum funcionário.

Os hotéis maiores fazem um grande esforço para preservar a segurança dos hóspedes; mesmo assim, muitas vezes intrusos se aproveitam de uma falha e chegam até os quartos.

Apesar da fragilidade dos cadeados, malas fechadas são menos vulneráveis do que malas abertas. E lembre-se: tranque bem a porta do quarto sempre que estiver nele. Abra só após a identificação de quem bate.

Carros alugados

Ao alugar um carro, não esqueça a regra básica: todas as suas sacolas e bolsas devem caber no porta-malas, caso contrário estarão vulneráveis a arrombamento.

Os porta-malas dos carros europeus abrigam até duas malas médias ou uma grande e outra média. Quando muito, talvez mais algumas bolsas de viagem de tamanhos variados.

Malas flexíveis acomodam-se melhor do que malas duras. Lembre-se disso ao preparar suas viagens.

Não deixe passaporte ou outros documentos no carro, seja no porta-luvas ou em qualquer outro lugar. Por garantia, leve apenas uma cópia.

Não deixe objetos chamativos nos assentos. Tanto nos Estados Unidos quanto na Europa, são raros os roubos de veículos, mas ocorrem arrombamentos em busca de objetos deixados à vista. Lembre-se, porém, de que no Brasil e arredores esses roubos ocorrem com mais frequência.

Antes de deixar a agência de aluguel de automóveis (Rental Car Agency), certifique-se de que você sabe dirigi-lo e conhece todos os comandos.

Certifique-se principalmente de que sabe trancá-lo, fechar os vidros e manejar as luzes.

Dirija sempre com as portas trancadas e as janelas fechadas. São comuns os furtos através das janelas ou da abertura rápida de portas ao parar nos sinais de trânsito.

Nunca deixe nada visível no carro quando estacionado. Bolsas, sacolas, pacotes e câmeras fotográficas são um apelo irresistível para os ladrões, que não hesitam em quebrar um vidro para roubá-los.

Aeroportos

Aeroportos são locais onde ficamos mais vulneráveis ao ataque de punguistas interessados em carteiras e bolsas.

Você certamente já ouviu várias histórias ocorridas em aeroportos de todas as grandes cidades. Envolvidos com o despacho da bagagem, cartões de embarque, documentos, mais a tensão gerada pelo próprio ambiente supermovimentado do aeroporto, podemos esquecer por instantes aquela bolsa onde se encontram objetos importantes para a viagem. E aí já pode ser tarde demais.

O golpe mais comum é o do sujeito que espera na fila com você e aproveita aqueles seus segundos de distração para sumir na multidão com seus pertences.

Permaneça sempre alerta, pois seus "inimigos" podem estar travestidos de turistas com aspecto exatamente igual ao seu. Depois, não adianta se lamentar.

Aventuras

Além disso, não se deve esquecer a segurança de alguns passeios e aventuras que as viagens propiciam. Procure evitar divertimentos ou jogos que nitidamente tenham um passado estatisticamente desfavorável.

Nem todos os parques de visitação são adequadamente zelosos pela manutenção de seus equipamentos. Por isso, prefira sempre os maiores e mais bem-organizados.

Analise também cuidadosamente sua capacidade física pessoal para enfrentar alguns brinquedos de parques. Às vezes, há um claro alerta para cardíacos. Leve isso a sério.

Também procure vencer o desejo irresistível de envolver-se em esportes radicais. Evite-os se achar o ambiente e as pessoas que nele trabalham desatentas, desorganizadas ou inexperientes. Não arrisque sua vida só para torná-los mais experientes.

Saiba que alguns esportes radicais têm um retrospecto desfavorável em relação a contusões, entorses ou outras lesões que podem perturbar o resto de sua viagem.

Sugestões para sua segurança pessoal em viagens

Mantenha o seu passaporte original no cofre do hotel. Ande com uma cópia.

Use cartões de crédito. Evite dinheiro.

Use o dinheiro junto ao corpo, em porta-notas preso à roupa íntima. Deixe a parte mais volumosa para as costas.

Não converse facilmente com estranhos.

Cuide continuamente de sua bagagem de mão.

Mantenha sua bolsa ou leva-tudo enlaçado em seu braço.

Sua passagem aérea deve permanecer no cofre do hotel.

Valores de qualquer espécie, joias etc. também devem permanecer no cofre do hotel.

Não deixe bolsas e sacolas visíveis no carro.

Também não as deixe atiradas pelo quarto do hotel.

Caminhe com um olho voltado para trás.

Use óculos escuros. Eles impedem que os ladrões saibam para onde você está olhando. Eles preferirão roubar um distraído sem óculos.

Não abra a porta do seu quarto de hotel sem certificar-se de quem está batendo. Se a pessoa se apresentar como empregado do hotel, pergunte qual a sua função e confirme por telefone com a portaria.

Ao retornar ao hotel tarde da noite, observe o estacionamento com cuidado e entre pela porta da frente.

Feche a porta do seu quarto com cuidado, usando todos os dispositivos existentes.

Cuidado com a chave de seu quarto. Não a deixe abandonada na piscina, no bar ou em qualquer outro local.

Não chame a atenção usando joias ou demonstrando ter muito dinheiro.

Não convide estranhos para o seu quarto.

Use a caixa de segurança do hotel para guardar valores.

Não deixe objetos de valor no automóvel.

Revise portas e janelas de seu quarto.

Comunique à segurança do hotel qualquer ocorrência estranha ou a presença de pessoas suspeitas.

Capítulo 11

SEGURO DE VIAGEM

O que é seguro de viagem?

É um contrato pelo qual, mediante uma taxa, a companhia de seguros se obriga a pagar uma indenização pela ocorrência de um evento predeterminado. Por exemplo: roubo, acidente, doença, perda de malas etc.

Como funciona?

Antes de viajar, além de planejar o passeio, também é bom pensar nas coisas inesperadas que podem acontecer, como adoecer ou sofrer um acidente. Se você pretende visitar locais onde há algum tipo de risco maior, sua seguradora deve, necessariamente, tomar conhecimento e incluí-lo na cobertura.

Para isso existem os seguros de viagem, que podem estar incluídos nos pacotes que você está comprando ou ser adquiridos avulsos. Sempre pergunte ao seu agente de viagens se há seguros incluídos no seu pacote.

Há vários tipos de seguro. O mais popular é o **seguro-saúde**, que paga as despesas médicas e hospitalares em caso de necessidade de atendimento durante a viagem (principalmente para o exterior).

Preste atenção: o seguro-saúde deve cobrir todo o tratamento médico necessário, inclusive internação. Há os que incluem tratamento odontológico e até medicamentos.

Geralmente há um teto para o gasto. Procure o seguro que lhe der melhor custo-benefício, ou seja, maior cobertura pelo menor preço.

Cuidado! Nenhum plano de assistência médica temporária cobre problemas provocados por doenças preexistentes. Neste caso, avalie se o próprio seguro-saúde que você usa no Brasil não prevê alguma cobertura no exterior.

Os melhores seguros são os que dão atendimento gratuito por telefone 24 horas com telefonistas que falem português.

Há outros tipos de seguro mais específicos para situações inesperadas, como atraso ou cancelamento de voos e necessidade de permanecer mais tempo em determinado lugar. O seguro garante um valor em dinheiro para você cobrir as despesas inesperadas. Outra situação em que um seguro pode ser útil é quando necessitamos de assistência jurídica no exterior.

Seu seguro de vida já em vigor pode cobrir situações de atendimento de saúde em viagem. Informe-se com seu corretor.

A grande maioria dos seguros tem limite de idade para cobertura ao redor dos 69 anos. Alguns cobram uma taxa extra para passageiros fora do limite de idade, outros não os aceitam sob qualquer hipótese.

É recomendado, antes de efetuar a compra do seguro, verificar se o cartão de crédito não tem esse tipo de cobertura. Muitos cartões oferecem seguros idênticos aos comercializados, incluídos em seus benefícios.

Valores

O preço vai variar de acordo com a seguradora e com o que você estiver assegurando. Portanto, vale a pena fazer uma boa pesquisa de mercado. Inicie telefonando para seu banco e sua operadora de cartão de crédito.

Os planos estão divididos em várias categorias, existindo muitas variações, com opções aparentemente semelhantes. Por isso, preste bastante atenção! Leia com cuidado as letras pequenas do contrato.

Dicas para escolher um bom plano

- Escolha um seguro de viagem que tenha atendimento gratuito, 24 horas e em português
- Verifique se os médicos e os hospitais oferecidos situam-se perto de onde você vai estar durante a viagem
- Contrate a seguradora que oferecer o maior valor para despesas médicas com a mais ampla cobertura de tipos de doenças
- Prefira as coberturas que incluam serviços de dentistas e remédios
- Prefira quem oferece transporte em caso de urgência, de preferência sem limite de distância de utilização

Capítulo 12

CRIANÇA, UM VIAJANTE MUITO ESPECIAL

As companhias aéreas e a estrutura dos aeroportos estão preparadas para receber o seu bebê.

Há salas para troca de fraldas e aquecimento de mamadeiras. Você terá prioridade em todas as fases do atendimento.

Se, por alguma razão, você não pode levar os alimentos que o bebê usa, a companhia se encarrega de fornecer as mamadeiras e "papinhas". Eles só precisam saber com antecedência o que o seu bebê está habituado a comer e com que frequência.

Existe, atualmente, uma tendência por parte das mães de deixar tudo por conta da companhia aérea. Isso não é o correto, porque fraldas e muitos outros materiais para o cuidado dos bebês não estão disponíveis a bordo.

O melhor alimento, mais higiênico, sem problemas de conservação e facilmente disponível ao longo de toda a viagem é o leite materno. Felizes das mães, que contam com esse recurso magistral da natureza. Elas têm uma grande simplificação de suas viagens.

Decolagem e aterrissagem são os momentos mais críticos da viagem do bebê, devido a turbulência ou alterações de pressurização. Um algodão embebido em óleo é suficiente para aliviar o desconforto dos ouvidos.

Viagens intercontinentais muito longas devem ser evitadas, se possível, até a criança ter um grau razoável de independência, após 1 ou 2 anos de idade.

Crianças maiores exigem muita atenção no preparo da viagem, a começar pela bagagem. Não devem faltar mudas de roupa, pois elas se sujam com facilidade em um ritmo que às vezes não permite secar as que já foram lavadas. Da mesma forma, múltiplos calçados podem ser necessários.

Alimentação a bordo pode tornar-se uma aventura. Há os que gostam das refeições do avião, outros que preferem brincar com pratinhos, talheres etc., por considerá-los diferentes dos que usa em casa.

Para os adultos, às vezes constitui-se uma proeza comer durante o voo sem derramar líquidos ou alimentos sobre a roupa. Imagine para os pequenos, então. Por isso, não se zangue. Ao final do voo, troque a roupa deles.

Crianças geralmente se comportam mal a bordo, atrapalhando os outros passageiros, porque não dispõem de atrativos que os concentrem em alguma atividade. Portanto, é importante levar a revista que elas mais gostam ou presenteá-las, como prêmio de viagem, com um desses brinquedos eletrônicos que as deixam concentradas por horas.

Mantê-los ocupados e estabelecer seus limites claramente é a forma de obter um bom comportamento. Desde cedo eles devem saber o que devem ou não fazer durante o voo.

O mesmo vale para hotéis. E todos nós sabemos como são convidativos para uma boa corrida os corredores de hotéis e aviões...

Viajando com crianças

Levar crianças para viajar exige organização e planejamento. É preciso muito cuidado no momento de se aventurar pelo mundo com os pequenos.

A precaução redobrada começa na compra da passagem, passa pela reserva do hotel, pelo preparo da documentação, pela atenção com a sua saúde e bem-estar, e só termina com a chegada em casa.

Planejamento da viagem

Faça uma espécie de preparo psicológico, ou ritual, para a viagem. As crianças adoram essas coisas.

Uma boa maneira de preparar uma viagem interessante para toda a família é convidar a criança a ajudar na elaboração do roteiro.

Convoque uma reunião em família para estabelecer as "regras" da viagem: horários para dormir, acordar e fazer as refeições, valores máximos para gastos etc.

Também explique para a criança os procedimentos necessários para o caso de ela se perder. É importante, por exemplo, que ela ande sempre com uma espécie de cartão, contendo o seu nome completo, o nome dos pais e/ou de acompanhantes, além de telefones para contato (da agência de viagem, do hotel e também de familiares).

Convide a criança para, junto com você, consultar guias, mapas, revistas, livros, enciclopédias, internet. Assim ela terá mais informações sobre o lugar a ser conhecido e a viagem passará a ter uma finalidade educacional, além do lazer.

Como cuidar da saúde dos pequenos em viagens

Ao viajar com crianças, é imprescindível fazer um seguro-saúde para toda a família, principalmente em viagens maiores.

Escolha um plano que inclua consultas médicas de emergência, internação em hospitais, exames, cirurgias, radiografias, traslados médicos e viagem de algum parente, caso haja necessidade.

O ideal é levar as crianças ao dentista antes de viajar, principalmente se o seguro não cobrir tratamentos dentários.

Antes de uma viagem, é indicado atualizar sua tabela de vacinação.

Convém imunizá-las contra as doenças que ocorrem nas regiões que serão visitadas.

Não esqueça que algumas vacinas podem provocar reação e, por isso, devem ser tomadas com antecedência.

Crianças em hotéis

Algumas cidades turísticas, principalmente nos Estados Unidos, estão bastante acostumadas a receber famílias. Os hotéis dispõem de quartos bem grandes, que acomodam um casal com três filhos, com tarifa apenas 50% superior à de quarto duplo.

Em muitos hotéis dos Estados Unidos, o valor do apartamento para uma ou quatro pessoas é igual. A aplicação de tarifa quando há criança pressupõe a hospedagem com dois adultos pagantes de apartamento duplo.

No Brasil ainda não há essa vantagem, e a maioria dos hotéis costuma ter, no máximo, quartos triplos.

No momento da reserva, solicite berços ou camas extras no quarto.

Ao chegar no hotel, explique para a criança quais as contas que ela pode assinar sozinha (na lancheria, no bar da piscina ou no salão de jogos, por exemplo).

Explique, principalmente, que tudo o que existe no frigobar tem que ser pago se for consumido.

Aproveite esse momento para estabelecer limites de consumo ou, se for o caso, desautorizar gastos da criança junto à recepção do hotel.

Também é uma boa oportunidade para ensiná-la a comportar-se em um hotel. Correrias pelos corredores, brinquedos ruidosos pelo saguão, perturbar os demais hóspedes falando alto no restaurante etc. são as melhores maneiras de as crianças serem excluídas da próxima viagem.

Compras

O limite de compras no exterior para menores de 18 anos é o mesmo dos adultos. Elas podem trazer objetos no valor de até 500 dólares e gastar 500 dólares no free-shop.

A única diferença é que não podem comprar cigarros nem bebidas alcoólicas, mesmo se estiverem acompanhados.

Documentos

Passaporte
Em viagens internacionais, até os bebês precisam de passaporte. Para fazer o passaporte dos menores é necessário ir até um dos postos de emissão da Polícia Federal, com certidão de nascimento da criança, cópia da carteira de identidade dos pais, formulário preenchido e taxa paga. Os pais e a criança devem estar presentes no momento da retirada do passaporte.

Autorização judicial para viagem de menores
Para viajar com uma criança, você deve prestar atenção às normas do Juizado de Menores, que evita que menores de idade viajem sem companhia ou autorização dos pais. Veja a seguir como proceder segundo o tipo de viagem:

Dentro do Brasil: Crianças maiores de 12 anos não necessitam de autorização para viajar dentro do território nacional. Os menores de 12 anos, se viajarem acompanhados pelos pais ou por tios, avós ou irmãos maiores de 21 anos, também não necessitam de autorização.

Se a criança viajar desacompanhada, é necessária a autorização judicial. Nesse caso, o pai ou a mãe da criança deve levar ao Juizado de Menores a certidão de nascimento do filho (original e cópia), duas fotos 3x4, além dos próprios documentos: identidade e comprovante de residência (original e cópia). No caso de deter a guarda do menor de idade, deve levar o termo de guarda.

Para o exterior: As crianças que viajam na companhia dos pais não necessitam de autorização judicial. No caso de viajarem com um deles apenas, basta a autorização por escrito do outro, com firma reconhecida em cartório.

Se a criança ou o adolescente menor de 18 anos viajar sozinho ou com uma pessoa maior, é essencial autorização judicial. Nesse caso, os pais devem comparecer ao juizado com os seguintes documentos: identidade (original e cópia), certidão de nascimento (original e cópia), duas fotos 3x4 e comprovante de residência. Se a criança for órfã, o responsável deve levar a certidão de óbito dos pais (original e cópia).

✓ **Atenção: No caso de apenas um dos pais comparecer sozinho ao Juizado de Menores para autorizar a viagem do filho, deve levar uma autorização por escrito e com firma reconhecida do outro (pai ou mãe).**

Identificação pessoal do menor

São válidos para voos dentro do Brasil: carteira de identidade (desde que com foto que identifique o menor), certidão de nascimento (original ou cópia autenticada por cartório) ou passaporte.

Para voos de/para o exterior: passaporte.

Se a viagem for para o Uruguai, Paraguai, Argentina ou Chile, pode ser usada a carteira de identidade emitida pela Secretaria de Segurança Pública do Estado.

A autorização judicial deve ser feita em formulário do juizado local, expedida pelo juiz ou comissário de menores (sendo válida pelo prazo nela constante).

Considerando que essa autorização poderá ser válida por dois anos, para que não fique retida na emigração (em caso de voos internacionais), convém entregar uma cópia juntamente com a original para que o agente federal verifique e devolva a original ao menor, ficando com a cópia.

A autorização de um dos pais (ou ambos) ou do responsável legal deve ser feita em documento com firma reconhecida em cartório (com validade de 60 dias, a contar da data expressa).

Caso as pessoas que devam dar a autorização escrita (genitores ou responsáveis pelo menor) compareçam perante a autoridade policial federal do aeroporto de embarque, será dispensável o reconhecimento de firma, desde que o agente federal assine a autorização.

Preenchimento do PASS-18: Esse formulário é obrigatório para crianças desacompanhadas de até 12 anos incompletos em voos domésticos e internacionais, e facultativo para menores de 12 a 18 anos incompletos em voos domésticos e obrigatório em voos internacionais. O preenchimento será feito no aeroporto de embarque, pelo funcionário responsável pelo atendimento do menor. Deverão ser informados o telefone, o nome e o endereço completos da pessoa que irá receber o menor no desembarque. Também devem ser informadas possíveis alergias, remédios levados pelo menor que deverão ser administrados e restrições alimentares.

Menor desacompanhado

A aceitação de menores desacompanhados está condicionada a regras e restrições das empresas aéreas envolvidas no transporte e à legislação de cada país, cabendo ao porto de embarque estar ciente das exigências legais dos países de destino do menor, a fim de poder agir em conformidade com as mesmas.

Não deverão ser aceitos menores desacompanhados quando existirem paradas voluntárias (stopovers) e/ou pernoites (overnight stops).

O transporte entre companhias aéreas somente será permitido para conexões imediatas, nos segmentos que tenham sido confirmados, e ainda se a conexão partir do mesmo aeroporto.

Exceção: Quando existir pessoa designada pelos responsáveis pelo menor para aguardá-lo na escala de transferência e dele tomar conta, até que seja entregue ao transportador. O transporte somente deverá ser garantido depois de terem sido atendidas todas essas exigências.

Capítulo 13

VIAJANDO COM ANIMAIS

Primeiras providências: Documentação

No momento do embarque, em viagens nacionais e internacionais, é obrigatória a apresentação da Guia de Trânsito Animal (GTA), que deverá ser solicitada ao Posto de Vigilância Agropecuária de sua cidade.

Para obtê-la, será preciso apresentar os seguintes documentos:

- **Atestado de sanidade** expedido por médico veterinário até três dias antes do embarque.
- **Atestado de vacinação antirrábica** atualizado (até um ano antes da data de embarque) para animais com mais de quatro meses de idade.
- **Autorização do IBAMA/DF** para animais silvestres exóticos nacionais e estrangeiros.

A GTA vale por sete dias e, por especificar os pontos de partida e chegada, serve apenas para um sentido da viagem.

É importante saber quais médicos veterinários estão autorizados a assinar esse documento. Para tanto, entre em contato com a Secretaria da Agricultura de seu Estado.

Na viagem para o exterior, deve-se apresentar o Certificado Zoossanitário Internacional (CZI), emitido gratuitamente pelo Ministério da Agricultura. Esse documento, que vale por oito dias, pode ser retirado no aeroporto, dias antes do embarque, ou na sede do Ministério da Agricultura de cada Estado.

Determinados países, como Itália e Alemanha, exigem uma autorização específica, obtida na embaixada ou no consulado.

Procedimentos necessários

Faça a reserva com pelo menos dois dias de antecedência, pois algumas companhias limitam o número de animais por voo.

Algumas empresas só permitem que o animal viaje sedado, mas o tranquilizante só deve ser prescrito por um médico veterinário.

Como regra geral, se o animal couber em uma caixa de 55cm de comprimento por 40cm de altura e 20cm de largura, poderá ir com você na cabine, acomodado embaixo da poltrona (as medidas variam em cada companhia).

Já os animais maiores viajam no porão do avião. Nesse caso, é preciso colar uma etiqueta na caixa de transporte, com os dados do animal e do proprietário.

Quem decidir levar o bichinho na cabine terá de pagar uma taxa equivalente à cobrada pelo excesso de bagagem (mesmo se o peso do animal, somado ao de suas malas, ficar dentro do limite estabelecido pela empresa). Esse adicional corresponde a 1% da tarifa cheia para cada quilo do animal.

A quarentena

Alguns países, como Austrália, Nova Zelândia e África do Sul, exigem que o animal, mesmo vacinado, seja isolado.

Cães e gatos são confinados no aeroporto e liberados depois de um período que varia de 1 a 6 meses.

Verifique as regras de cada país antes de viajar, para evitar decepções. A Inglaterra, por exemplo, proíbe a entrada de cães da raça fila brasileiro.

A caixa e o transporte

Dias antes da viagem, comece a treinar seu animal para que ele vá se acostumando à caixa em que será transportado.

Para que ele entre na caixa com facilidade, coloque alguma comida ou brinquedo no interior dela.

Deixe-o fechado por alguns minutos, aumentando aos poucos o tempo de permanência.

O melhor é tentar fazer com que ele durma na caixa.

A caixa ideal deve ser resistente e ventilada, com espaço para que ele consiga girar 360 graus em seu próprio eixo.

A caixa não pode ser grande demais, senão o animalzinho pode se machucar numa turbulência ou durante o embarque e desembarque.

Para deixar a caixa mais confortável, forre o interior com panos, jornais ou algum outro material absorvente.

Antes da viagem, procure exercitar o animal. Ele ficará cansado e menos agitado durante o trajeto, podendo até mesmo dormir.

Via de regra, a caixa para transportar animais deve obedecer às seguintes condições:

O próprio dono do animal deve fornecê-la ou construí-la. Existem no comércio caixas adequadas de todos os tamanhos.

O material precisa ser resistente e de fácil manuseio para que não haja possibilidade alguma de o animal escapar ou sofrer algum ferimento.

A caixa precisa ser impermeável e absorvente.

Deve ser construída de maneira a permitir vários embarques.

Deve conter um compartimento que possibilite o fornecimento de água e alimentos.

Deve-se forrar o compartimento com material adequado (serragem ou similar), por razões de higiene.

A empresa deve receber a embalagem totalmente limpa e desinfetada.

A saúde do animal

Antes de viajar, faça um check-up no animal.

Não leve o cão para a beira-mar. Ele pode pegar micose, que provoca falhas no pelo, coceira e lesões na pele.

Caso o animal mergulhe na água, deve-se dar um bom banho nele. Não esqueça de secar bem os ouvidos para evitar otite.

Os bichos também podem ficar queimados de sol. Para que isso seja evitado, deixe-o na sombra nos horários mais quentes e mantenha-o sempre bem hidratado.

Evite que ele seja picado por insetos: aplique remédio contra pulgas e carrapatos e examine o pelo todos os dias.

Leve também água mineral, para evitar que animais de estômago sensível fiquem com diarreia. Misture com a água do local visitado, até ele se acostumar.

Alimentação

O ideal para o animal é receber uma alimentação leve cerca de quatro horas antes da partida.

Caso a viagem seja de avião, suspenda qualquer refeição pesada 12 horas antes do voo.

Outra dica é colocar pedras de gelo grandes na caixa de transporte. Assim ele vai bebendo água aos poucos.

Os cachorros suportam até 10 horas sem ingerir comida nem água. Portanto, não se preocupe com a alimentação durante o trajeto.

Para viagens de carro, dê comida ao seu animal de estimação três horas antes com um terço da quantidade que ele costuma ingerir.

Só o alimente de novo cerca de duas horas depois da chegada, porque o estresse da viagem pode causar indisposição no animal, com náusea e vômitos.

Não faça inovações na alimentação durante a viagem. Use a ração de sempre, mesmo que seja um peso extra na sua bagagem.

Como garantir uma viagem tranquila para o animal

Opte por voos diretos, sem escalas.

Procure não viajar nos meses muito quentes ou muito frios, pois pode ser desconfortável para animais que tenham que viajar no porão.

Fique atento, porque certas companhias não transportam animais de maio a setembro.

A regra geral é: melhor não viajar se a temperatura na cidade de origem ou na de destino estiver abaixo de 7°C ou acima de 30°C.

Em épocas mais quentes, viaje à noite; nas mais frias, prefira os voos diurnos.

Certas raças de cães (buldogue, boxer, chow-chow, lhasa apso, pequinês) e gatos (persa e himalaio) são mais sensíveis ao ar rarefeito da cabine.

Não esqueça de carregar tudo o que puder diminuir o estresse do seu bichinho por estar longe de casa: ração, potes de água e comida, petiscos, cobertor, paninhos, cama, brinquedos favoritos, escova para os pelos, remédios e kit de primeiros-socorros.

Para os cães, leve guia, focinheira, coleira e saquinhos plásticos para recolher o cocô.

Para os gatos, não se esqueça do recipiente com o preparado sanitário e de jornais para forrar o chão.

Em caso de perder o animal durante a viagem

Sim, você pode perder o seu bichinho durante a viagem, assim como ocasionalmente perde suas malas. É raro, mas pode acontecer. Porém, não entre em desespero. As companhias aéreas são muito rápidas na solução e contam com esquemas especiais de cuidados enquanto seu animalzinho não chega até você.

Antes de sair, coloque na coleira uma plaquinha de identificação, onde conste seu endereço permanente, além do nome e do telefone do seu hotel.

Se você perder seu animalzinho durante a viagem, nos passeios ou mesmo no hotel, por exemplo, seja rápido. Faça contato com os órgãos públicos de controle de zoonoses (doenças transmitidas por animais), com as entidades de proteção aos animais e com todos os veterinários localizados em um raio de até 100km da região em que ele desapareceu.

Outra dica é espalhar cartazes com a descrição do animal e o telefone do seu hotel.

Se você tiver uma foto do seu bichinho de estimação, melhor. Copie-a e mostre-a para as pessoas.

Há ainda a possibilidade de conversar com o veterinário e implantar um microchip no seu animal. Ele é do tamanho de um grão de arroz e é aplicado sob a pele através de uma seringa, num procedimento indolor.

Animais em viagens de carro

A GTA também é necessária nas viagens de carro.

Além desse documento, é preciso levar um atestado de saúde e a ficha de vacinação (em dia) do animal.

Para que o seu bichinho de estimação não sofra com o calor ou com o frio, procure pegar a estrada no começo da manhã ou à noitinha.

Se ele não estiver acostumado com viagens de carro, procure fazer alguns passeios antes para que ele não estranhe.

É obrigatório que o animal viaje no banco traseiro, dentro de uma caixa ou amarrado por um cinto de segurança especial, vendido em pet shops.

Em hipótese alguma deixe o bichinho no colo do motorista ou debruçado na janela.

Jamais o deixe sozinho no carro.

Ao viajar com animais, faça paradas a cada hora. Ele precisa se movimentar, beber água e fazer suas necessidades.

Animais com pouca idade, assim como crianças, são os mais suscetíveis a enjoo, vômitos e mal-estar.

Se o seu animalzinho costuma enjoar em viagem de carro ou avião, você pode usar os mesmos princípios de prevenção e tratamento descritos para pessoas, inclusive a mesma medicação (1 comprimido de Dramin ou 20 gotas).

Pássaros devem ser mantidos em ambiente com ar-condicionado desligado. A gaiola precisa ser coberta, pois esses animais costumam se assustar com o movimento.

Para transportar peixes, use um recipiente plástico não muito grande, com a água do seu próprio aquário. Esse local deve ser tampado e apoiado em uma embalagem firme, para que o peixinho não balance demais. Abra a tampa a cada quatro horas para renovar o oxigênio.

Animais em cruzeiros

Nem todos os cruzeiros permitem o transporte de animais.

A maioria das companhias não permite animais a bordo, com exceção dos que servem de guias para deficientes visuais.

Os poucos navios que permitem bichos impõem a condição de mantê-los confinados. Os animais devem ficar em alas separadas e os donos podem visitá-los, sem jamais sair para passear com eles. A empresa contrata funcionários para cuidar da alimentação e do banho dos bichinhos.

Animais em ônibus

Cães e gatos de pequeno porte são aceitos pela maioria das companhias.

Em viagens de ônibus, a GTA é obrigatória.

Um documento que comprove a vacinação em dia e um atestado de saúde assinado por um veterinário também são necessários.

Para não importunar os demais passageiros, algumas companhias exigem que o animal vá no bagageiro.

As empresas que permitem que o bichinho viaje junto com o dono solicitam que ele só saia da caixa nos momentos de parada. Não costuma ser cobrada taxa adicional pelo serviço.

Em viagens de trem no exterior

Na Europa, em geral, os trens aceitam animais de estimação.

Os animais de até 5kg podem ficar em caixas, no vagão dos passageiros. Esse serviço é gratuito.

Os maiores devem usar coleiras e focinheiras, e a taxa corresponde à metade do bilhete da segunda classe.

Nos Estados Unidos, algumas empresas só permitem cães que acompanhem deficientes visuais.

No Canadá, há empresas que transportam animais no vagão de carga, acomodados em caixas ou gaiolas. As taxas variam conforme o tamanho da mascote.

Etiqueta para os donos dos animais

Seu animalzinho pode ser engraçadinho só para você, que o estima e protege. Não obrigue os demais a se submeterem a pulos, lambidas e mordidas, além de outras brincadeiras.

Mantenha o animal na coleira em locais movimentados.

Só o leve para lugares fechados se o acesso for liberado e se ele não for agressivo.

Circular em ambientes movimentados com animais ferozes é, no mínimo, uma agressão às pessoas.

Ao sair à rua, não esqueça de levar saquinhos para recolher o cocô que ele fizer.

Na volta do passeio, certifique-se de que suas patinhas estejam limpas antes de entrar no hotel. (Já existem sapatilhas para cães.)

Preste atenção, no quarto, para que o animal não suba nos móveis ou na cama.

Se for inevitável, peça lençóis para cobrir a mobília.

Para evitar sujeira, dê-lhe água e comida no banheiro ou num canto forrado com jornal.

Lembre-se de que, se ele estragar alguma coisa, você terá de indenizar o hotel.

Capítulo 14

OS VÍRUS TAMBÉM VIAJAM

Cuidados com a prevenção e o tratamento das gripes e viroses mais comuns

Os vírus são estruturas que podem conter DNA ou RNA e se encontram envolvidos em uma espécie de cápsula. Eles só conseguem se reproduzir dentro de uma célula (animal, vegetal ou bactéria), o que limita sua viabilidade em superfícies secas fora do corpo em, no máximo, três dias.

Os seres humanos são particularmente suscetíveis aos ataques dos vírus, o que ainda se constitui na maior causa de ausência ao trabalho no mundo moderno.

Eles entram em nossas células para se reproduzir e provocam inúmeras reações adversas.

Os tipos mais comuns de vírus são justamente os que mais nos atingem também em viagens.

Vírus da gripe (*Influenza*)

Esse vírus evolui rapidamente, de forma que suas vacinas devem ser modificadas todo o ano para serem eficazes. A gripe é a principal doença que atinge os viajantes, em especial aqueles que viajam nas estações frias.

Transmissão:

Ocorre pelo contato com pessoas contaminadas, através das mãos ou por espirros e tosse sem proteção, que libera gotículas suspensas no ar, sendo esta transmissão facilitada em lugares fechados com muitas pessoas.

Sintomas:
Febre abrupta, calafrios, dor na garganta, cefaleia, rinite, sinusite, mialgia e mal-estar.

Prevenção:
Evitar lugares fechados, com muitas pessoas.
Evitar contato com pessoas que estejam gripadas.
Melhorar a circulação do ar no ambiente.
Lavar as mãos com água e sabão frequentemente, para diminuir o risco de se contaminar.
Utilizar álcool gel 70° sempre que possível.
Usar máscara, de forma que cubra a boca e o nariz.

Cuidados:
Viajantes que apresentam febre, dores no corpo e que tenham vindo de lugares com surtos de gripe devem dirigir-se à autoridade de saúde mais próxima.

Crianças, idosos, mulheres grávidas, lactentes e pessoas com deficiência imunológica são mais suscetíveis a infecções por vírus.

Pessoas que viajam para o hemisfério oposto no período de inverno têm risco maior de ter gripe.

Curiosidades:
O vírus da gripe aviária (H5N1) passa da ave para o ser humano, sendo transmitido principalmente pelo contato direto com a ave ou com seus excrementos, através de utensílios contaminados. Não há vacina para o H5N1.

O vírus da AH1N1 foi responsável por uma pandemia recente, semelhante à da gripe asiática da década de 1950. É um vírus de transmissão rápida que não parece sofrer mutações. Foi chamado de vírus da "gripe suína", denominação errônea, pois não tem transmissão a partir de suínos. Segue o mesmo ciclo do vírus Influenza.

A viabilidade do vírus da gripe em uma superfície seca pode variar, mas em geral dura de 2 a 8 horas, podendo chegar em algumas espécies a três dias.

Diarreia de origem viral

São problemas intestinais (gastroenterites ou intoxicação alimentar) causados por vários microorganismos, em especial o rotavírus e o norovírus. Também é conhecida como "diarreia do viajante".

A maioria das infecções ocorre em crianças, mas adultos também podem se contaminar.

Hoje existe vacina apenas para o rotavírus, e está incluída no calendário brasileiro de vacinação.

Transmissão:
Ocorre no contato com pessoas infectadas, alimentos, água e objetos contaminados.

Cuidados:
Viajantes que apresentam febre, dores abdominais, náuseas e vômito devem se dirigir ao serviço médico mais próximo.

Deve-se beber bastante líquido para evitar a desidratação nos casos de diarreia.

Se a diarreia não reverter em um dia, é necessária a utilização de soro caseiro (6 colheres de açúcar e 1 de sal, para 1 litro de água).

Prevenção:
Comer apenas alimentos bem cozidos e beber água filtrada.

Não beber água de procedência duvidosa.

Lavar sempre as mãos, e se possível utilizar álcool após ir ao banheiro.

Evitar alimentos expostos a temperatura ambiente por muito tempo (comida de rua e de vendedores de praia, por exemplo).

Evitar frutas com a pele danificada.

Evitar gelo de procedência duvidosa.

Evitar pratos que contenham ovos crus ou malcozidos.

Escovar os dentes com água filtrada.

Ferver o leite não pasteurizado (cru) antes do consumo.

Ferver a água de procedência duvidosa.

Curiosidades:

A diarreia do viajante pode afetar até 80% dos passageiros de um navio que tenha viajado para áreas de higiene sanitária desconhecida ou menos desenvolvida.

Crianças, idosos, mulheres grávidas, lactentes e pessoas com deficiência imunológica são mais suscetíveis a infecções por vírus.

Capítulo 15

AS DOENÇAS MAIS COMUNS EM VIAGENS (DE "A" A "Z")

Adoecer durante uma viagem é o equivalente a faltar luz no melhor momento de um filme. É decepcionante, mas compreensível.

A mudança de hábitos e de alimentação, a alteração do fuso horário, a ansiedade natural causada pelo desconhecido e o inesperado são alguns dos ingredientes que induzem a maioria das doenças dos viajantes.

Nossa imunidade baixa nessas circunstâncias novas, e terminamos por sucumbir diante de bactérias ou vírus que, normalmente, apenas seriam ignorados pelo nosso organismo.

Neste capítulo, procurei listar e dar informações sobre as doenças mais comuns dos viajantes, identificando o modo de contágio, os destinos de maior risco e a forma de tratá-las e preveni-las. Obviamente, não é uma lista completa. Porém, você mesmo pode aumentá-la. Como diz o Verissimo na apresentação, até unha encravada está aqui. Portanto, pelo menos o básico você vai encontrar. E em ordem alfabética.

Ao final do capítulo, estão listados os medicamentos mais comuns utilizados em viagens. Siga o seguinte método: localize a doença ou o mal que o aflige de A a Z. Depois, pesquise a medicação indicada. Porém, em qualquer circunstância, ouça o que seu médico tem a dizer. Este é somente um guia de informação.

A
Alergias
Onde e por que: Em qualquer parte do mundo a exposição aos seguintes elementos pode levar a alergias: pólen, pó, picada de insetos, alimentos, produtos químicos, cosméticos, drogas.
O que: Coceira, vermelhidão, erupção cutânea, edema dos lábios ou no local de contato, congestão dos olhos e do nariz, tosse.
Como prevenir e tratar:
Evite agentes alérgicos que você já conhece.
Use medicamentos tópicos sobre a pele (Calamina-Caladril) ou cremes de corticoide (Drenison).
Use anti-histamínicos por via oral em reações locais mais importantes (Prometazina-Fenergan 25mg 1 comp. de 6/6 horas).
Se você tiver história de alergias severas, leve adrenalina injetável. Fale com seu médico.

Antrax
Onde e por que: Na África, na Ásia Central, na América do Sul, no Extremo Oriente. Transmitido por bactérias a partir de ovelhas, cabritos, cavalos, gado ou porcos ou através de sua lã ou couro. Tornou-se mais conhecido por atos terroristas recentes.
O que: Provoca pneumonia grave quando inspirado, sintomas intestinais quando ingerido ou úlceras na pele, no ponto de contato.
Como prevenir e tratar:
Existe vacina, mas é difícil de ser obtida.
Viajantes devem evitar contato com animais e sua lã ou couro.
Tratado com penicilina oral 0,5g, 4 vezes ao dia; ou eritromicina 500mg via oral de 6/6 horas.

C
Cãibras
Onde e por que: Contraturas musculares principalmente nas pernas, causadas por desidratação, estresse, fadiga, excesso de exercício.

O que: Dor súbita por contração dos músculos principalmente das panturrilhas, às vezes do abdômen e do tórax.
Como prevenir e tratar:
Fazer aquecimento antes de exercitar-se, alongar-se (ver Capítulo 4).
Comer laranja e banana para repor potássio e cálcio.
Ingerir líquidos.
Durante a crise: massagear o músculo e alongar suavemente.
Deixar correr água quente do chuveiro ou bolsa quente sobre o local.
Mover os dedos dos pés para cima e para baixo.
Ficar atento à possibilidade de trombose venosa profunda (ver Capítulo 4).

CALOR – EXPOSIÇÃO AO CALOR
Ver Febre, Desidratação, Diarreia

CISTITE
Ver Infecção urinária

CÓLERA
Onde e por que: Na Ásia e em locais restritos da América do Sul (interior do Peru). A contaminação ocorre pela água e por alimentos. É rara entre viajantes cuidadosos.
O que: Diarreia, cãibras musculares, desidratação.
Como prevenir e tratar:
Vacinação é ineficiente.
Tomar refrigerantes, evitar água não fervida.
Selecionar alimentos bem cozidos.
Tratar com antibióticos (Tetraciclina 2g/dia).
Soro caseiro para reidratação: 1 litro de água fervida, 1/2 colher de chá de sal e 1 colher de chá de açúcar. Tomar um copo após cada evacuação diarreica.

Conjuntivite

Onde e por que: Ar seco do avião, poeira, climas quentes, natação e mergulho, poluição, alergias e problemas de higiene podem levar a infecção ocular.

O que: Olhos irritados, vermelhos, com secreção ao acordar. A infecção costuma ocorrer em um só olho inicialmente.

Como prevenir e tratar:
Usar colírio Lacrima para umedecer os olhos em voos longos.
Em infecções, pingar colírio com antibiótico (Tobramicina).
Em caso de alergia, usa-se colírio com anti-inflamatório (Maxitrol, Tobradex).
Compressas úmidas sobre os olhos reduzem a inflamação.
Irritação por lente de contato: ocorre principalmente em voos longos; deve-se descontinuar o uso da lente e pingar colírio com esteroides (Maxitrol, Tobradex).
Hemorragia da conjuntiva: é o olho que fica subitamente vermelho. Pode estar relacionada a hipertensão arterial ou problemas de coagulação. Não necessita de tratamento oftalmológico.

Constipação
Ver Prisão de ventre

Contusões

Onde e por que: Praticamente qualquer lugar do corpo, em qualquer situação, é vulnerável a uma contusão.

O que: Contusões provocam formação de hematomas nos tecidos da região, com edema, alteração da cor (roxo ou violeta) e dor ao movimento ou ao toque.

Como prevenir e tratar:
Tomar anti-inflamatório tipo Ibuprofeno 600mg, 1 comp. de 12/12 horas, se houver dor.
Colocar gelo imediatamente para evitar edema e hematoma.
Imobilizar a área, se possível.
Mais tarde, depois de resolvida a fase aguda, usar calor para recuperar os tecidos necrosados.

Hirudoid pomada e Feldene gel são úteis para aliviar a inflamação.
Cuidado! Preste atenção aos seus movimentos. Em viagens, alguns acidentes acontecem por pura distração.

D

Dengue

Onde e por que: Nas regiões tropicais do Extremo Oriente, do Oriente Médio, da América do Sul e da África, além do Caribe e das Ilhas do Pacífico. Transmitida pelo mosquito doméstico diurno Aedes aegypti, que cresce em águas paradas. Não há transmissão entre pessoas. Há quatro subtipos de vírus, e a reinfecção é a causa da maior gravidade.

O que: Os sintomas iniciam em 8 dias com febre alta e dor de cabeça, nas articulações e nas costas (por isso é chamada de "febre quebra-ossos"). A dengue hemorrágica é rara, mas pode ser fatal.

Como prevenir e tratar:
Evitar contato com o mosquito, que geralmente é diurno.
Descartar águas paradas.
Usar roupas adequadas para proteção da pele, reduzindo a área exposta.
Usar repelentes de insetos na pele, com dietil-toluamida.
Evitar aspirina, devido à possibilidade de hemorragia.
Tratar os sintomas com analgésicos e anti-histamínicos (paracetamol e clorfeniramina).

Desidratação
Ver Diarreia

Diarreia e disenteria

Onde e por que: A decisão de viajar para países em desenvolvimento traz consigo 50% de chances de diarreia nos primeiros dias. É a doença mais comum entre os viajantes e a mais desconfortável. Deve ser descartada cólera e febre tifoide, que são situações mais graves. O agente usual é o Coli bacillus intestinal, ingerido por comida e por água contaminadas.

O que: Diarreia em episódios repetidos, cólica, náusea e vômitos. Presença de sangue nas fezes sugere disenteria, um diagnóstico mais grave, com febre alta e sinais de desidratação, durando vários dias. Consulta médica é necessária nessas condições.

Como prevenir e tratar:
Evitar água não fervida, alimentos crus ou malcozidos, saladas cruas.

Repor perdas de líquidos com soro caseiro: 1 litro de água, 1/2 colher de chá de sal de cozinha e 1 colher de chá de açúcar. Tomar um copo após cada evacuação.

Cuide das crianças! Elas se desidratam mais rápido.

Se há vômitos, deve-se tomar antieméticos (Plasil 10mg, 1 comp. de 6/6 horas) e reduzir líquidos para pequenos volumes.

Salicilato de bismuto é o tratamento para casos mais graves (Pepto-Bismol, 1 comp. mastigável de 3/3 horas).

Antibióticos (Ciprofloxacin 500 mg/dia durante 3 dias) têm uso controverso mas estão certamente indicados se há sangue nas fezes, febre alta com mais de seis evacuações diárias, com mais de dois dias de duração.

Antidiarreicos podem ser usados, mas não curam a infecção; só a bloqueiam (Imosec-Loperamida, 1-2 comp. 3-4 vezes ao dia).

Para as cólicas, Escopolamina com Dipirona é a indicação: Buscopan composto, 1 comp. de 6/6 horas.

DOENÇA DAS ALTITUDES

Onde e por que: Já começa a ser sentida acima de 2,5 mil metros por quem vive abaixo desses níveis. É a falta de oxigênio devido ao ar rarefeito das alturas.

O que: Inicia já nas primeiras horas da chegada, com dor de cabeça, falta de ar, mal-estar, fraqueza, perda do apetite, náusea e vômito.

Como prevenir e tratar:
Evitar altitudes sem estar em boa forma física.
Manter-se hidratado, ingerindo 2 litros de água por dia.
Se possível, subir progressivamente, adaptando o organismo.
Como dizem os índios bolivianos: "Andar despacito, comer poquito, dormir solito" (andar devagar, comer pouco, dormir sozinho; ou seja, não fazer esforços).
Tomar chá de coca.
Drogas que podem ajudar: acetazolamida (Diamox) 500mg à noite, Bamifix 1 comp. de 8/8 horas, ou nifedipina (Adalat), 20mg 3 vezes ao dia.

DOENÇA DE CHAGAS
Onde: Descoberta por Carlos Chagas, ocorre na América do Sul e na América Central. No Brasil, na região central (Minas Gerais, Goiás). É causada por um protozoário que vive em um pequeno inseto ("barbeiro"), que o transmite por sua picada.
O que: Edema no local da picada, com inflamação. Após meses ou anos, doença cardíaca ou gastrointestinal.
Como prevenir e tratar:
Não dormir em casas de barro ou adobe.
Evitar locais onde o barbeiro existe.
Há tratamentos para a fase aguda, que exigem hospitalização.

DOENÇAS SEXUALMENTE TRANSMISSÍVEIS
Princípios de higiene e proteção com preservativos ou evitando sexo em viagens com parceiros estranhos são as formas de prevenir sífilis, gonorreia, clamídia, tricomoníase, candidíase, herpes genital, HIV, hepatite B e C e muitas outras doenças.
A aventura da viagem pode tornar-se perigosa, até mesmo fatal, se houver sexo indiscriminado, principalmente em países onde a AIDS é epidêmica, como nos da África, ou no circuito das atividades noturnas das grandes capitais.
A regra básica é o uso de preservativos, além de evitar relacionamentos com parceiros conhecidos há pouco, por melhores que eles possam parecer.
Banheiros sujos não transmitem doenças sexuais.

Dor de cabeça
Onde e por que: Em qualquer situação o viajante pode ser acometido não só por cansaço, ansiedade, tensão muscular e enxaqueca, mas também por hipertensão arterial.

O que: A dor de cabeça pode ser acompanhada de sinais neurológicos como distúrbios da visão, cintilações, sensibilidade à luz, náusea e vômito. É em geral inevitável. Se há perda da coordenação motora com vômito em jato, procure logo uma emergência. A enxaqueca é geralmente desencadeada por fatores já conhecidos pelo paciente – quase sempre por determinados alimentos.

Como prevenir e tratar:
Se você sofre de enxaquecas, procure o fator desencadeante e evite-o, mantendo consigo sempre o medicamento que já provou ser eficaz.

Repouso e analgésicos são em geral suficientes (Paracetamol/Tylenol 750, 1 comp. de 6/6 horas).

Neosaldina 2 comp. e depois 1 comp. de 8/8 horas normalmente resolve uma enxaqueca.

Busque sempre o diagnóstico da causa de suas dores de cabeça.

Se você é hipertenso, meça sua pressão para descartá-la como causa. Tome seus medicamentos para hipertensão, de acordo com seu médico.

Dor de dente – problemas nos dentes e na boca
Onde, quando e por que: Dor de dente é um problema indesejado em viagens. Faça seu check-up odontológico prévio.

Ocorrências mais comuns:
- Dentes quebrados: guarde o pedaço em leite, comprima o dente quebrado para evitar sangramento e edema e vá a um dentista.
- Dente arrancado: lave-o, deixe-o na boca ou no leite, não o deixe secar. Veja um bom dentista em 30 minutos, para reimplantá-lo.
- Abscesso dentário: causado por infecção nas raízes, causa dor latejante ao mastigar, cerrar os dentes etc. Tome analgésicos, anti-inflamatórios e antibióticos. Procure o dentista logo.

- Aftas: são comuns. Refletem às vezes baixas de imunidade e podem ser tratadas com bochechos de derivados da malva e bicarbonato de sódio.
- Herpes: deve ser tratado com pomada de aciclovir.

Como prevenir e tratar:
Escovar os dentes e usar bochechos antissépticos após as refeições.
Visitar o dentista antes da viagem.
Evitar frutas cítricas, pimenta, vinagre.
Usar analgésicos para a dor (Tylenol 750) e anti-inflamatórios como Ibuprofeno 600 mg de 12/12 horas.

DOR DE GARGANTA
Ver também Gripes e resfriados
Onde e por que: Simultaneamente à gripe ou como fenômeno isolado, a dor de garganta é geralmente viral, podendo mais raramente ser bacteriana com placas brancas nas amígdalas.
O que: Dificuldades de deglutir, dor persistente, mal-estar, febre, secreção na garganta.
Como prevenir e tratar:
As causadas por vírus têm menos secreção e podem ser tratadas com anti-inflamatórios (Ibuprofeno) e analgésicos (Paracetamol).
As amigdalites por bactéria causam mal-estar geral e febre alta com secreção e devem ser tratadas com antibióticos (Amoxacilina 500 mg, 4 vezes ao dia por 10 dias).

DOR NAS COSTAS
Onde e por que: Pode ocorrer com todos os viajantes que já têm problemas de coluna, acrescidos de estiramentos devidos a bagagem pesada, jornadas prolongadas em ônibus, colchões pouco anatômicos etc.
O que: Torcicolos, contratura muscular, dores ao movimento do corpo, dor ciática nas pernas, hérnia de disco. Podem aliviar espontaneamente após alguns dias, mas também podem fazer o viajante sofrer e até alterar seus planos de viagem. As dores ocorrem em qualquer nível da coluna ou são referidas aos traje-

tos dos nervos que dela se originam: pernas (dor ciática causada por problemas de coluna lombar), tórax (problemas de coluna torácica), braços (problemas de coluna cervical).
Como prevenir e tratar:
Tomar paracetamol (Tylenol 750 ou Ibuprofeno).
Água quente do chuveiro pode aliviar a dor.
Repouso no leito e alongamentos são úteis (ver Capítulo 4).
Observar os cuidados ao carregar malas e objetos pesados (ver Capítulo 3).

E

Esquistossomose
Onde e por que: Na Costa Nordeste do Brasil, na África Central e em alguns lugares da Ásia e do Oriente Médio ocorre infecção pelo Schistossoma, que se reproduz em caramujos de água doce, liberando cercárias (larvas) na água, que penetram através da pele, produzindo a infecção.
O que: A invasão das cercárias através da pele provoca coceira em indivíduos que nadaram em águas paradas. Até 10 semanas após o evento, ocorrem gânglios linfáticos aumentados, diarreia, tosse, dores musculares, perda de peso, aumento do fígado e do baço e sangramento urinário.
Como prevenir e tratar:
Evitar banhar-se em lagos e açudes suspeitos.
O tratamento deve ser prescrito por um médico.

F

Febre
Onde e por que: A temperatura normal do corpo é de 37ºC. Se estiver acima de 39ºC, é considerada febre alta.
O que: Mal-estar, sensação de frio e calor, sudorese, tremores, dores no corpo, delírios, convulsões.
Como prevenir e tratar:
Tomar paracetamol (Tylenol 750, 1 comp. de 6/6 horas).

Tomar líquidos gelados (2 litros por dia).
Repouso.
Roupas leves, ambiente fresco.
Banhos gelados frequentes ou compressas de álcool sobre o corpo.
Sempre buscar o diagnóstico da causa da febre.

FEBRE AMARELA

Onde e por que: A África tem 99% dos casos, apesar de a doença também existir em outros continentes, principalmente na América do Sul e na América Central. No Brasil, ocorrem casos na Amazônia e nas regiões rurais, consideradas endêmicas. O vírus tem comportamento semelhante ao da dengue e da encefalite japonesa. O hospedeiro natural é o macaco, e a doença é transmitida para o homem pelo mosquito, não havendo contaminação pessoa a pessoa. Atualmente, há um surto em extensa área central rural do Brasil.

O que: Incubação de 3 a 6 dias, depois febre alta, fraqueza, dores musculares, cafaleia. Ocorre melhora espontânea após uma semana. Em 15% dos casos, há uma nova fase extremamente severa da doença na segunda semana, com icterícia, sangramentos, convulsões etc.

Como prevenir e tratar:
O tratamento é dos sintomas, não havendo droga conhecida contra o vírus.
Na maioria dos casos, a cura é espontânea.
A prevenção é feita pela vacina.
Um certificado internacional de vacinação, válido por 10 anos, é exigido para entrar em alguns países (ver Capítulo 16).
Quase todos os países exigem certificado de vacina para turistas que chegam diretamente de áreas endêmicas.
Recomenda-se vacinação para quem viajar pelas áreas rurais brasileiras.

FEBRE TIFOIDE

Onde e por que: Incomum em países desenvolvidos, está presente em países pobres com níveis baixos de higiene alimentar. É transmitida por bactérias em alimentos e água contaminados. A contaminação se dá através das fezes humanas.

O que: Incubação de duas semanas ou menos, depois febre alta, cefaleia, dores abdominais, fraqueza, constipação e/ou diarreia e tosse. Diarreia intensa após a segunda semana, com desidratação.

Como prevenir e tratar:
Tratar com antibióticos (Amoxacilina, Ciprofloxacin).
Intensificar os cuidados de higiene para não infectar as pessoas em torno.
Tomar líquidos em quantidade (2 litros por dia).
Tomar um copo de soro caseiro após cada evacuação (ver Diarreia).
Evitar ambientes com pouca higiene.
Evitar água não fervida e saladas cruas em ambientes pouco higiênicos.

Frio – exposição ao frio

Onde: Temperaturas muito baixas, com alta umidade e vento são as condições mais adversas.

O que:
- Congelamento das extremidades (pés, mãos, nariz, orelhas, rosto), com perda da sensibilidade, dor e necrose da pele.
- Hipotermia: queda da temperatura do corpo abaixo de 35°C, com tremor, contratura muscular, confusão mental e arritmias cardíacas.
- Cegueira pela neve: lesão da conjuntiva ocular por forte ação dos raios ultravioleta refletidos pela neve.

Como prevenir e tratar:
Proteger as extremidades.
Manter-se seco e aquecido. Não se expor à chuva e ao vento.
Manter-se em movimento.
Evitar consumo de álcool (provoca vasodilatação e perda de calor).
Evitar fumo (piora a circulação das extremidades).

G

GRIPES E RESFRIADOS

Onde e por que: Em viagens, somos expostos a vírus para os quais não temos imunidade. O avião é o local mais comum para infectar-se, devido ao ambiente confinado e filtros de ar inadequados.

O que: O vírus da gripe causa dor de cabeça, congestão nasal, tosse, dor de garganta, febre e prostração. Resfriados comuns causam apenas sintomas nasais locais sem mal-estar.

Como prevenir e tratar:
É difícil evitar.
Antibióticos não ajudam, a não ser quando há infecção secundária por bactéria (amigdalite, sinusite, pneumonia etc.).
Paracetamol (Tylenol 750 de 6/6 horas) ou Ibuprofeno, descongestionantes nasais (Rinosoro 3%, 1 gota em cada narina 3 vezes ao dia).
Recentemente surgiu um antiviral que afeta alguns vírus da gripe e deve ser tomado já no primeiro dia, 2 comp. ao dia por 5 dias (Tamiflu). Interrompe a gripe e pode ser conveniente para viajantes.

H

HEMORROIDAS

Onde e quando: Quem já tem hemorroidas pode ter uma crise em viagem devido a mudança de temperos, tempo passado sentado ou caminhando, prisão de ventre etc.

O que: Dor ao evacuar, com sangue vivo nas fezes, devido a trombose de uma veia dilatada do ânus, que faz aparecer um nódulo intumescido e doloroso (mamilo hemorroidário), dificultando caminhar e sentar.

Como prevenir e tratar:
Tomar anti-inflamatório (Ibuprofeno 600 mg, 1 comp. 2 vezes ao dia).
Usar pomadas anestésicas no local, à base de cloridrato de cinchocaína (Nupercainal) ou com base em tromboplastina (Claudemor), para reduzir os efeitos da trombose.
Banhos de assento com água quente podem aliviar a dor.

Hepatite (de A a E)

Onde e por que: Inflamação hepática causada por diferentes tipos de vírus, drogas, álcool. A mais comum é a hepatite A (vírus A).

O que: Mal-estar, náusea, perda do apetite, perda de peso, dor, fadiga, febre, desconforto abdominal seguido de icterícia (amarelão da pele). Urina escura e fezes claras.

Prevenção: Não existem vacinas. Cuidar contatos com sangue e contato sexual.

Hepatite A: Transmitida por alimentos contaminados. Mais frequente no Oriente Médio, no Extremo Oriente, na América do Sul e na América Central.
Período de incubação: De 10 a 50 dias.
Recuperação: Duas semanas. A evolução é benigna.
Tratamento: Dos sintomas.
Prevenção: Vacinação quando em visita a áreas endêmicas.

Hepatite B: Ocorre em todo o mundo, mas principalmente na Ásia, na África, na América do Sul e nas Ilhas do Caribe e do Pacífico.
Transmissão: Por sangue infectado, agulhas, relações sexuais, tatuagens. Não se transmite por contato social como apertar as mãos ou beijar.
Prevenção: A vacinação é indicada para quem trabalha com sangue e seus derivados ou para quem pode ter risco elevado. Preservativos são suficientes para a proteção sexual.
Período de incubação: De 6 semanas a 6 meses.
Tempo de recuperação: Um mês. A doença pode tornar-se crônica.
Tratamento: Interferon.

Hepatite C: Altos índices em países mediterrâneos e no Egito.
Transmissão: Por sangue, mas menos frequentemente por via sexual. Agulhas, transfusões repetidas.

Períodos de incubação: De 6 a 8 semanas.
Tratamento: Ribavirina e Interferon.
Tempo de recuperação: A doença inicial é leve mas pode tornar-se crônica e evoluir para cirrose.

I

INFECÇÃO URINÁRIA (CISTITE)
Onde e por que: Incidência maior em mulheres, relacionada ou não à atividade sexual.
O que: Vontade de urinar frequentemente, urgência e ardência urinária, urina com cheiro forte.
Como prevenir e tratar:
Fazer uma cultura da urina é recomendável, mas a critério médico pode ser dispensada.
O melhor tratamento é com antibiótico. Usualmente Sulfa, Ciprofloxacin 500mg, 1 comp. por dia, ou Amoxacilina 500mg, 1 comp. de 6/6 horas, são a escolha. No entanto, em infecções repetidas pode haver resistência do germe aos antibióticos.
Tomar bastante líquido (2 litros por dia).
Reduzem os sintomas, mas não tratam a doença: cloridrato de fenazopiridina (Piridium) 1 comp. 3-4 vezes ao dia, chá de salsa e suco de amoras.
Antibióticos em países do primeiro mundo exigem receita médica. Os medicamentos vendidos sem receita não resolvem a doença.

INSETOS
São transmissores de doenças infecciosas em países tropicais e causadores de alergias.
Mosquitos transmitem dengue, febre amarela, malária.
Moscas transmitem praga e tifo.
Pulgas transmitem escabiose e tifo.
Como prevenir e tratar:
Roupas adequadas cobrindo toda a pele.
Repelentes à base de permetrin e DEET (dimetil-toluamida).

Usar creme Fenergan ou Fenergan 1 comp. de 6/6 horas para alívio da irritação no local da picada.

Pode-se usar também, no local, calamina ou creme de corticoide (Drenison).

Se houver infecção com pus no local, tomar Amoxacilina 500mg 1 comp. de 6/6 horas.

L

Leptospirose

Onde e quando: Doença transmitida através da urina do rato. Ocorre no mundo todo, principalmente nos períodos de chuvas. Os micróbios entram usualmente através de escoriações na pele ou por ingestão de água contaminada com urina de rato.

O que: 1ª fase – 1 semana: febre, dor de cabeça, mal-estar, nódulos linfáticos inflamados, sangramento nasal.

2ª fase – após 3 dias da 1ª semana: dor de cabeça, pescoço duro (meningite), vômitos, icterícia e falência renal, cardíaca ou hepática.

Como prevenir e tratar:

Não beber refrigerantes diretamente da lata;

Lavar latas e garrafas de bebidas, pois geralmente ficam em depósitos onde há ratos.

Tomar líquidos.

Tratar com antibióticos (Penicilina ou Amoxacilina).

M

Malária

Onde e quando: É doença antiga, já relatada pelos gregos, egípcios e chineses. Distribui-se ao longo do Equador e dos trópicos em 100 países. A África tem 90% dos casos. É tipicamente uma doença de viagens à América do Sul, à África, ao sudeste da Ásia e à América Central. O micróbio (Plasmódio) é transmitido por picada de mosquito (Anofeles), que só existe em regiões baixas e tropicais.

O que: O período de incubação vai de 9 a 16 dias. Inicia por tremores de frio, seguido de febre alta por 1 a 3 dias, mais sudorese com febre a cada 3 dias (febre terçã). Acompanham tosse, dores nas juntas, perda de apetite e vômito, desidratação, icterícia e anuria. O baço aumenta e fica dolorido à palpação (no lado esquerdo da parte superior do abdômen).

Como prevenir e tratar:
Não há vacina. A prevenção é feita com Cloroquina ou, onde já existe resistência a ela, Mefloquina, iniciando-se 2 a 3 semanas antes da viagem. A Mefloquina tem efeitos colaterais: cefaleia, tontura, insônia, alterações de humor e de comportamento. Quem sofre de epilepsia não pode tomar Cloroquina ou Mefloquina.

MAREIOS

Onde e quando: Em viagens de navio, automóvel ou avião. Crianças e mulheres, principalmente, têm a tendência de sentirem-se mal com o movimento.

O que: Náusea, vômito e tontura são o resultado de mensagens enviadas ao cérebro pelo labirinto, que é o mecanismo controlador do equilíbrio do corpo situado no ouvido interno. Mais comuns em quem está com medo ou ansioso.

Como prevenir e tratar:
Uma hora antes, tome um comprimido de Dramin, ou Cinarizina ou Prometazina.
Coma alimentos leves antes da viagem.
Leve consigo biscoitos ou crackers para a viagem.
Fique próximo à janela, ventile-se.
No avião, fique próximo às asas; no carro, no assento da frente; no trem, no primeiro vagão; no navio, próximo ao centro; no ônibus, do meio para frente.
Procure não ler e evite fumar; mantenha os olhos no horizonte; fique calmo e parado; durma, se possível.
Tome anti-histamínico prometazina (Fenergan 1 comp. de 6/6 horas) se os sintomas forem intensos.

O MAR E SEUS PROBLEMAS

Os afogamentos são a causa maior de problemas no mar. Ataques de tubarão ou de outros peixes marinhos são ocorrências raras e parecem depender de provocação. Quem arrisca corre riscos. Essa é a dura realidade.

Mãe-d'água
Onde e o que: Em contato com a pele, seus tentáculos liberam uma substância que provoca dor, ardência, rubor, fraqueza, náusea. Algumas raras espécies têm veneno potente e perigoso. Existem em climas subtropicais do Oceano Atlântico, na Índia e na Austrália.

Como prevenir e tratar:
Evite o mar após tormentas – é quando aparecem as mães-d'água.
Não coce o local afetado.
Use vinagre sobre o local.
Use compressa gelada.

MONILÍASE E CANDIDÍASE
Onde e por que: O fungo Candida está normalmente presente na flora vaginal de 20% das mulheres sem causar sintomas. Alterações causadas por antibióticos, pílulas anticoncepcionais, calor, trauma do ato sexual e roupa íntima de náilon apertada podem provocar infecção e sintomas.

O que: Desconforto durante o ato sexual, sensibilidade, dor, secreção.

Como prevenir e tratar:
Trata-se com cremes vaginais antifúngicos à base de nistatina (Micostatin) ou cetoconazol associado a fluconazol por via oral, 150mg, 1 comp. por semana por 4 semanas.
Evitar sexo por uma semana.
O casal deve tratar-se simultaneamente.
Reduzir o consumo de açúcar e carboidratos,
Usar roupas soltas em climas quentes.

Evitar vestir roupas de banho úmidas por muitas horas.
Baixa da imunidade permite aparecimento de lesões na boca.

O

OTITE

Onde e por que: Infecção de ouvido ocorre após gripe, natação ou em climas quentes ou por corpo estranho ou trauma (principalmente por cotonetes).

O que:

- Otite média: geralmente após gripe. É a presença de infecção bacteriana no ouvido médio, geralmente das crianças. Ocorre dor intensa e desconforto; raramente há secreção saindo pelo ouvido.
- Otite externa: Dor e desconforto no pavilhão auditivo, ao mastigar ou tocar o ouvido externo. Há secreção e ocorre após natação e uso de cotonetes, ou por trauma e corpo estranho. É infecção por bactérias.

Como prevenir e tratar:

- Otite média: proteger o ouvido do frio, tratar gripe adequadamente, usar antibiótico (Amoxacilina) por uma semana e Paracetamol (Tylenol 750) para a dor.
- Otite externa: secar o ouvido externo sem introduzir objetos, pingar gotas de antibiótico com anti-inflamatório, tomar Amoxacilina por duas semanas.

P

A PELE E SEUS PROBLEMAS

Onde e por que: A pele é submetida a toda sorte de maus-tratos em viagens, exatamente por ser a primeira barreira de defesa do corpo.

O que:

- Infecção bacteriana da pele: Por arranhões, cortes provocados por conchas e corais (na praia). Trata-se lavando com antisséptico e tomando Amoxacilina 500mg, 1 comp. de 6/6 horas.

- Foliculites: Infecção ao redor dos pelos em qualquer região do corpo, principalmente em climas quentes. Também chamadas de furúnculo. Não espremer, usar pomada de sulfato de magnésio e tomar antibiótico, se houver repercussão da infecção com gânglios na região inflamada.
- Infecção por fungo: Comum em viagens para climas quentes é o chamado pé de atleta, que inicia por irritação entre os dedos dos pés e deve ser tratado com antifúngicos (Daktarin, Vodol pó).

Pneumonia

Onde e por que: Após gripe forte, o agravamento dos sintomas pode denunciar infecção pulmonar (pneumonia). É comum em viagens devido a redução da imunidade e exposição a germes para os quais nosso organismo não está preparado.

O que: Tosse com catarro amarelo, sibilos, febre alta, dor torácica, falta de ar, estado geral afetado. É condição grave.

Como tratar e evitar:
Tratar gripes adequadamente.
Tomar Amoxacilina 500mg, 1 comp. de 6/6 horas.
Procurar tratamento médico e internação.

Pneumonia Viral ou SARS (Severe Acute Respiratory Syndrome)

Onde e quando: Periodicamente, uma onda de gripes virais, quase sempre vinda da Ásia, contamina o Ocidente em epidemia de grandes proporções. As mais recentes foram a gripe aviária que se disseminou durante 2001-2003 e parece ter se originado de mutações incubadas em animais (galinhas), e a gripe suína, que levou erroneamente esse nome. Esta última parece ter sido uma mutação da antiga gripe asiática de 1958 e se iniciou em 2009, disseminando-se rapidamente devido ao vírus AH1N1.

O que: Pneumonia viral de grande severidade que causa febre alta, calafrios, tosse seca e péssimo estado geral. A transmissão parece ser devida à inalação direta do vírus.

Como prevenir e tratar:
Tratam-se os sintomas como febre, desidratação etc.

Antibióticos são acrescidos para tratamento de infecção respiratória secundária.
Após internação, o uso de corticosteroides e gamaglobulina está indicado.
Evitar áreas de epidemia, aeroportos e rotas mais usadas a partir do epicentro da epidemia.
A comunicação às autoridades sanitárias é compulsória.

PRISÃO DE VENTRE (CONSTIPAÇÃO)
Onde e por que: Mudanças alimentares e novos temperos, sedentarismo, ingestão reduzida de líquidos e toaletes inadequados são apenas algumas causas da constipação em viagem.
O que: Causa desconforto abdominal, gases, cólicas, fezes duras, dificuldades de evacuação, sensação de plenitude abdominal.
Como prevenir e tratar:
Tomar líquidos em maior quantidade (2 litros por dia).
Exercitar-se, caminhar.
Ingerir fibras (cereais, pão de centeio), frutas (ameixa, maçã, laranja e banana).
Homeopáticos: sena, nox vomica, lactulose, alumina.
Humectol D – 2 comp. à noite.

PROBLEMAS COM OS PÉS
Onde e por que: O viajante pode ter problemas nos pés devido a calçados apertados, calor ou frio, falta de higiene em banheiros ou piscinas ou por não secar bem os pés.
O que:
- Pé de atleta: Infecção por fungos que inicia com prurido entre os dedos dos pés, com fissuras da pele.
- Unha encravada: Unhas mal cortadas encravam nos cantos contra a pele, causando dor e infecção.
- Bolhas nos pés: Devido ao atrito, geralmente por sapatos novos e apertados.

Como prevenir e tratar:
- Pé de atleta: Manter os pés secos. Usar talco nos calçados,

creme antifúngico (Daktarin ou Vodol) entre os dedos e em todo o pé. Colocar o antifúngico no sapato.
- Bolhas nos pés: Usar sapatos velhos em viagem. Manter os pés secos. Não estourar as bolhas. Usar Band-Aid e pomada analgésica.

S

Sinusites
Ver Gripes e resfriados

Sol – superexposição ao sol
Onde e por que: O câncer de pele é a consequência mais comum e está duplicando sua incidência a cada 10 anos. O sol também provoca envelhecimento precoce da pele.
Radiação ultravioleta A e B: A radiação UVB é a responsável pelo bronzeamento da pele e pelas queimaduras. É mais superficial. A UVA é mais profunda e causa alterações na derme, sendo também responsável pelos cânceres de pele. Erupções de herpes nos lábios são comuns na exposição ao sol e devem ser tratadas com aciclovir (Zovirax pomada).
Como prevenir e tratar:
Aumentar a ingestão de líquidos.
Usar o trio de proteção: chapéu, óculos, filtro solar.
Usar filtro solar com fator de proteção 15. Acima disso, ganha-se pouco em proteção e perde-se em preço.
Evitar expor-se ao sol das 10 até as 15 horas.
Creme para queimaduras de pele: Hipoglós, Picrato de Butesin.

T

Tétano
Onde e por que: Infecção gerada por uma bactéria encontrada no solo, no pó e na ferrugem, e que geralmente invade o corpo através de cortes e lesões profundas da pele. Ocorre em todo o mundo.

O que: Após um período de incubação de 5 a 20 dias, iniciam-se dor de cabeça, febre, irritabilidade, espasmos ou cãibras musculares na mandíbula, depois em todo o corpo. Seguem-se convulsões, arritmias cardíacas e coma. O diagnóstico é feito pelos sintomas e pela presença da bactéria.

Como prevenir e tratar:
O tratamento é complexo, com internação, antibióticos, soro antitetânico, relaxantes musculares.

A prevenção inicia pela vacinação, com reforço a cada 10 anos. Após cinco vacinações, a imunidade permanece para o resto da vida.

Os ferimentos contaminados exigem reforço da imunidade com soro antitetânico.

Em viagem, evite caminhar em locais com pregos enferrujados, onde existe risco de ferir-se.

Use sapatos adequados. Evite ferir-se.

Se for viajar para locais onde riscos de contaminação estão previstos e não toma a vacina há anos, repita a dose. É mais seguro.

TROMBOSE VENOSA PROFUNDA
Ver Capítulo 4

TUBERCULOSE
Onde e por que: O bacilo da tuberculose vem ressurgindo como ameaça em todo o mundo devido às superinfecções causadas pelo HIV. Ele ataca mais idosos e jovens e dissemina-se através de gotículas de saliva liberadas ao ar pela tosse de uma pessoa com a doença em fase pulmonar. É necessária uma exposição prolongada ao bacilo para desenvolver a doença.

O que: A doença permanece latente durante anos, até atingir o pulmão e causar tosse, falta de ar, fraqueza, perda de peso, febre e suores noturnos. Pode atingir outros órgãos (cérebro, ossos, rins etc.).

Como prevenir e tratar:
O tratamento é feito com antibióticos e é prolongado e complexo.
A prevenção é feita com vacina BCG e um teste de pele que identifica as pessoas mais propensas (Mantoux).
Deve ser tomada a BCG três meses antes da viagem.

V

Verminose

Onde e por que: São infecções geralmente transmitidas por alimentos e água contaminados em regiões muito pobres. Uma variedade de vermes pode ser responsável por sintomas geralmente intestinais.

O que: Os vermes mais comuns são o áscaris, a tênia, o ancilóstoma e o estrongiloides. Todos têm ação gastrointestinal, provocando cólicas, diarreia, mal-estar, náusea e vômitos.

Como prevenir e tratar:
Mebendazole é a droga com a cobertura mais ampla sobre os vermes.
Evitar circular por ambientes insalubres.
Evitar comer saladas mal-lavadas em ambientes sem higiene.
Preferir alimentos cozidos e água fervida ou refrigerantes industrializados.
O exame de fezes atualmente é raro nos centros urbanos pela progressiva redução na incidência de verminoses. No entanto, más condições de higiene ou crianças em contato próximo com animais domésticos criam o ambiente para a contaminação familiar.

Lista de medicamentos indicados para o tramento das doenças mais comuns em viagens, com posologia e várias opções farmacêuticas

Antidiarreicos
Elixir Paregórico – 3 a 5ml após cada evacuação líquida.
Loperamida (**Imosec**®) – 1 a 2 comp. 3 a 4 vezes ao dia.
Salicilato de Bismuto (**PeptoBismol**) – 1 comp. de 3 em 3 horas.
Anti-histamínicos – Agem em alergias (ver capítulo 17).
Dexclorfeniramina (**Polaramine**®) 2mg – 1 comp. de 6/6 horas
Fexofenadina (**Allegra**®) 60mg – 1 comp. 2 vezes ao dia
Prometazina (**Fenergan**®) 25mg – 1 comp. de 6/6 horas

Descongestionantes nasais
Para uso nasal tópico, por curtos períodos. Vasoconstritores nasais usados cronicamente podem causar taquicardia e elevar a pressão.
Rinosoro® – 1 gota em cada narina 3 vezes ao dia.
Afrin® – 2 a 3 gotas em cada narina 3 a 4 vezes ao dia.
Sorine® – 2 a 3 gotas em cada narina 3 a 4 vezes ao dia.

Analgésicos, antitérmicos, antiespasmódicos
Paracetamol 750mg (**Tylenol**® ou **Dôrico**®) – 1 comp. de 6/6 horas.
Ácido Acetilsalicílico (**AAS**® **ou Aspirina**®) – 1 comp. de 6/6 horas.
Escopolamina e Dipirona (**Buscopan Composto**®) – 1 comp. de 6/6 horas.
Dipirona 500mg (**Novalgina**®) – 1 a 2 comp. de 6/6 horas. Antitérmico.

Antibióticos
Amoxacilina 500mg (**Amoxil**®) – 1 comp. de 6/6 horas.
Azitromicina (**Zitromax**®, **Azi**®) – 1 comp. 1 vez ao dia, por 3 dias.
Ciprofloxacin 250mg – 1 comp. de 12/12 horas.

Antifúngicos

Nistatina creme vaginal **(Micostatin®)** – 1 aplicador 2 vezes ao dia.
Miconazol tópico **(Vodol®, Daktarin®)** – aplicar no local 2 vezes ao dia.
Cetoconazol creme vaginal – 1 aplicador 2 vezes ao dia.
Fluconazol 150mg – 1 comp. por semana durante 4 semanas.

Antivirais

Oseltamivir **(Tamiflu®)** 75mg – 1 comp. 2 vezes ao dia por 5 dias. Para tratamento da gripe no seu início.
Acyclovir **(Zovirax®)** tópico – Aplicar 3 a 4 vezes dia no local. Para tratamento tópico do herpes.
Acyclovir 200mg **(Zovirax®)** – 1 comp. 5 vezes ao dia. Para tratamento do herpes por via oral.

Anti-inflamatórios

Para lesões musculares, faringites, amigdalites e outras inflamações (ver Capítulo 17).
Ibuprofeno **(Motrin®)** 600mg – 1 comp. 3 a 4 vezes ao dia.
Etoricoxib **(Arcoxia®)** 90mg – 1 comp. 1 vez ao dia.

Antieméticos e anticinéticos

Para o tratamento de enjoo causado por problemas alimentares ou por cinetose (carro, avião, navio).
Metoclopramida 10mg **(Plasil®)** – 1 comp. de 6/6 horas.
Dimenidrinato **(Dramin®)** 100mg – 1 comp. de 6/6 horas.
Betaistina **(Labirin)** 8mg – 1 comp. de 8/8 horas.
Flunarizina **(Vertix®)** 10mg – 1 comp. 1 vez ao dia.

Colírios

Dextrano 70, Hipromelose **(Lacrima Plus®)** – 1 a 2 gotas 3 vezes ao dia. Para umidificar a córnea.
Tobramicina / Dexametasona **(Tobradex®)** – 1 a 2 gotas 4 vezes ao dia. Para conjuntivites.

Neomicina / Polimixina B / Dexametasona **(Maxitrol®)** – 1 a 2 gotas 4 vezes ao dia. Para conjuntivites.

POMADAS, CREMES E TÓPICOS

Flurandrenolida **(Drenison®)** – Pomada corticoide tópica para uso em lesões na pele como assaduras, eczemas etc.
Piroxican **(Feldene® gel)** – anti-inflamatório tópico. Para contusões, entorses etc.
Difenidramina, Calamina, Cânfora **(Caladryl®)** – Antipruriginoso para alergias e queimaduras por sol.
Clorexidina **(Merthiolate®)** – Antisséptico.
Neomicina e Bacitracina **(Nebacetin®)** – Antisséptico tópico em pomada.
Cinchocaína **(Nupercainal)** – Pomada anestésica para hemorroidas.

FILTROS SOLARES E REPELENTES

Filtros solares com fatores de proteção solar 8, 15 e 30.
Existem várias marcas comerciais com diferentes fatores de proteção.
Permetrin, Dimetiltoluamida (DEET) – Repelentes de insetos.

CURATIVOS E OUTROS ACESSÓRIOS

Curativos pequenos (tipo **Band-Aid®**), gaze, esparadrapo, cotonetes, termômetro, soro fisiológico, bolsa térmica.

MISCELÂNEA

Dioctil **(Humectol D®)** – 1 comp. 1 a 2 vezes ao dia para constipação.
Muciloide de Psilium **(Metamucil®)** – 1 envelope 1 a 3 vezes ao dia, para constipação e melhora do trânsito intestinal.
Dimeticona **(Luftal®)** – 30 gotas 4 vezes ao dia, para meteorismo. Para gases.
Hidróxido de Alumínio e Magnésio + Dimeticona (**Maalox-Plus®**) – 20 a 30ml para azia, 3 a 4 vezes ao dia.

Algumas regras a serem obedecidas

Este não é um guia de automedicação. Pergunte ao seu médico se algum desses medicamentos interage com os que você toma usualmente. Decida com ele quais são os grupos farmacêuticos mais seguros para o seu caso específico.

Este guia pretende apenas ajudá-lo a não passar por dificuldades quando estiver longe de casa. Não se torne um tomador de remédios compulsivo.

Os produtos indicados aqui têm inicialmente seu nome genérico. No entanto, alguns são remédios tradicionais de marca consagrados pelo uso, por isso foram incluídos.

A escolha desses medicamentos foi baseada nas indicações e na experiência do autor, não tendo havido nenhuma influência comercial no processo de seleção.

Capítulo 16

DOCUMENTOS, VISTOS, VACINAS E ENDEREÇOS ÚTEIS

O documento para viagens ao exterior é o passaporte

Países como Uruguai, Argentina, Paraguai e Chile permitem a entrada com a **Carteira de Identidade (RG)**. Mas cuidado! Com grande frequência, cidadãos brasileiros desembarcam nesses países sem documentos de viagem que lhes permita entrada. O caso mais comum é o de brasileiros que chegam com carteira de identidade funcional expedida por uma entidade de classe, ministérios civis ou militares, ou pelos poderes Judiciário ou Legislativo. Essas carteiras são aceitas normalmente pelas autoridades brasileiras, **mas não pelas autoridades estrangeiras**. O brasileiro que apresenta uma carteira de identidade funcional (carteira do Conselho Regional de Medicina, por exemplo), no momento da chegada a um desses países, **não é autorizado a ingressar e deve retornar ao Brasil**. Existem apenas **dois documentos** de viagem brasileiros aceitos pelas autoridades migratórias uruguaias, argentinas, paraguaias e chilenas: o **passaporte** e a **carteira de identidade expedida por alguma das Secretarias Estaduais de Segurança Pública**.

O que fazer em caso de perda ou roubo do passaporte

Quando for no Brasil...

- Procure a delegacia mais próxima e faça uma ocorrência
- Com a cópia do Boletim de Ocorrência (BO), solicite um novo passaporte diretamente na Polícia Federal, de acordo com a documentação padrão exigida

Quando for no exterior...

- Procure a delegacia mais próxima e faça uma ocorrência
- Ligue ou vá pessoalmente até a Embaixada ou Consulado Brasileiro
- Leve algum documento que comprove que você é brasileiro. Preferencialmente, uma cópia do passaporte

Caso não seja possível a obtenção de um novo documento, deve ser realizada a declaração de perda/furto/extravio do documento na repartição consular. Esta ocorrência será comunicada ao departamento da Polícia Federal e transmitida à Interpol para divulgação em todos os países.

Se o seu retorno ao Brasil está marcado para poucos dias, o Consulado poderá providenciar um documento exclusivamente para isso, chamado Autorização de Retorno à Pátria (ARP).

Levar cópia de RG, CPF e título de eleitor pode agilizar o processo.

Para fazer um novo passaporte fora do Brasil, é necessário:
- Ocorrência policial e pagamento de taxa

- Comprovação de estar em dia com a Justiça Eleitoral, para residentes no Brasil
- Carteira de identidade ou documento militar, para homens maiores de 18 anos e menores de 45
- Duas fotos 5x7, com fundo claro, datadas
- Documentos dos pais (identidade, certidão de nascimento e casamento), junto com a autorização para tirar passaporte – quando o titular for menor de 18 anos

✓ **ATENÇÃO: Se o solicitante não conseguir atender às exigências para a emissão de um novo passaporte, receberá uma autorização de retorno direto ao Brasil.**

Vistos consulares

Muitos países exigem vistos para brasileiros. Alguns não expedem vistos para turistas, sendo necessário que o requerente tenha uma carta-convite oficial de algum órgão do país a ser visitado.

Principais países que exigem vistos de brasileiros:

África do Sul
Angola
Arábia Saudita
Argélia
Armênia
Austrália
Belize
Benin
Bósnia*
Cabo Verde
Camarões
Canadá
China
Congo
Coreia do Sul*
Costa do Marfim
Croácia*
Cuba
Egito
El Salvador*
Eslováquia*
Espanha*
Estados Unidos
França*
Gabão
Gana
Guiné
Índia
Indonésia
Irã

Japão	Quênia
Jordânia	República Dominicana
Letônia*	República Tcheca*
Líbano	Romênia*
Malásia*	Rússia
Malta*	Sérvia
Marrocos*	Síria
México	Tailândia*
Moçambique	Taiwan
Mônaco*	Trinidad e Tobago*
Myanmar	Turquia*
Nigéria	Ucrânia
Nova Zelândia*	Venezuela
Paquistão	Vietnã
Portugal*	Zimbábue

* Viagens de turismo em até 90 dias são isentas de visto.

Muitos países que exigem vistos para brasileiros não possuem representação diplomática no Brasil; neste caso, o visto deverá ser obtido em trânsito.

Informações sobre as vacinas mais necessárias em viagens

Ao ser planejada uma viagem, deve-se considerar não apenas a legislação de saúde do país como também a real situação das doenças por lá. Além, é claro, do tempo de permanência. Esses fatores vão determinar os cuidados de saúde e as vacinas a serem aplicadas.

Há vacinas que fazemos na infância cuja imunidade permanece por toda a vida (a vacina para sarampo, por exemplo). Há outras, como a para febre amarela, que necessitam de reforços periódicos. Há, ainda, vacinas que se fazem após certa idade, quando estamos mais suscetíveis a determinadas doenças (pneumonia, por exemplo).

Dependendo da região a ser visitada, estão indicadas

vacinas contra febre tifoide, febre amarela, raiva, encefalite japonesa (uma espécie de febre amarela da Ásia), poliomielite, meningite, hepatite A e B, além da profilaxia da malária, já vista anteriormente.

Faremos agora um resumo das vacinas mais comuns, com suas indicações, doses e problemas, de acordo com as diretrizes da Associação Médica Brasileira e do Conselho Federal de Medicina.

Regime de imunização para adultos

Vacina	Número de doses	Intervalos entre as doses	Tempo de imunidade
Antrax	4	Intervalo de 3 meses entre as 3 doses iniciais e 6 meses na quarta	1 ano
Cólera	2	1 mês	4-5 anos
Hepatite A	2	6 meses	10 anos
Hepatite B	3	0, 30, 180 dias	3-5 anos
Influenza	1	Dose única	1 ano
Meningite meningocócica	1	Dose única	3-5 anos
Raiva	3	0, 7, 14 dias	2-3 anos
Tuberculose-BCG	1	Dose única	15 anos
Febre amarela	1	Dose única	10 anos
Febre tifoide	1	Dose única	2-3 anos
Pneumonia	1	Dose única	5 anos
Sarampo	1	Dose única	Toda a vida
Dupla adulto (tétano e difteria)	3	Dose única	10 anos

Regime de imunização para crianças

Vacina	Idade mínima	Aplicações
Hepatite A	1 ano	2 doses: 1 ano e 10 anos de idade
Hepatite B	Qualquer idade	3 doses: 0, 1, 6 meses
Meningite meningo-cócica	2 meses	antes de 1 ano: 3 doses, aos 2, 3, 4 meses após 1 ano: dose única
Raiva	Qualquer idade	3 doses, dias 0, 7 e 14
Febre tifoide (injetável)	18 meses	dose única
Febre Amarela	9 meses	dose única, com reforço em 10 anos
BCG (Tuberculose)	Qualquer idade	dose única
Tríplice viral (rubéola, sarampo, caxumba)	1 ano	Dose única, com reforço entre 4-6 anos
Tríplice bacteriana (tétano, difteria, coqueluche)	2 meses	3 doses com intervalo de 60 dias 2 reforços, aos 15 meses e entre os 4-6 anos
Pneumonia	2 meses	3 doses com intervalo de 2 meses e reforço com 15 meses
Poliomielite	2 meses	3 doses com intervalos de 2 meses 2 reforços, aos 12 meses e 5 anos
Rotavírus humano (VORH)	2 meses	2 doses com intervalos de 60 dias

Contraindicações das vacinas com vírus atenuados

Há vacinas produzidas com vírus mortos e outras com vírus apenas atenuados. Estas últimas têm algumas contraindicações. Informe-se com seu médico. As contraindicações mais comuns são:

- Deficiência imunológica congênita ou adquirida (AIDS).
- Câncer
- História de alergia severa em dose anterior
- Gravidez

Vacina contra febre amarela

Vacina com vírus atenuados usada no Brasil desde 1937: já foram aplicadas mais de 100 milhões de doses.

Idade – Aplica-se a partir de 6 meses de idade com reforços a cada 10 anos por toda a vida para quem vive ou se dirige a áreas endêmicas.

Indicação para viajantes – Deve ser feita ao se viajar para áreas endêmicas (onde há ocorrência usual) ou para áreas de transição (ocorrência eventual) da febre amarela silvestre. Os países listados a seguir exigem o Certificado Internacional de Vacinação, que tem validade de 10 anos e é obtido em postos de saúde das Secretarias Estaduais de Saúde. Leve-se em conta que a imunidade é estabelecida 10 dias após a vacinação.

Reações adversas – São raras.

Áreas geográficas de risco para febre amarela:

ÁFRICA
Angola
Benin
Burkina Faso
Camarões
Costa do Marfim
República Democrática do Congo
Gabão
Gâmbia
Gana
Guiné
Libéria
Nigéria
Serra Leoa
Sudão

AMÉRICA DO SUL
Bolívia
Colômbia
Equador
Guiana Francesa
Peru
Venezuela

BRASIL
Região Norte
Região Centro-Oeste
Bahia
São Paulo
Maranhão
Minas Gerais
Paraná
Oeste do Rio Grande do Sul

Certificado internacional de vacinação

O Certificado Internacional de Vacinação é emitido nos postos de saúde da ANVISA (www.anvisa.gov.br) em portos, aeroportos e fronteiras de todo o território nacional.

Emissão do certificado: Basta apresentar um documento de identidade e o Cartão Nacional de Vacinação Contra Febre Amarela. Se o interessado não tiver o cartão de vacinação, poderá adquiri-lo tomando a vacina em um dos postos de vacinação das Secretarias de Saúde dos Estados.

Validade: A vacina tem validade por 10 anos, após 10 dias da sua primeira inoculação. O Certificado Internacional segue esses prazos.

A necessidade de apresentação do Certificado Internacional de Vacinação tem base legal no Regulamento

Sanitário Internacional, no Decreto nº 87, de 15 de abril de 1991, e na Portaria SNS 28, de 27 de abril de 1993.

ATENÇÃO: Tanto a vacina como a emissão do Certificado Internacional de Vacinação são **gratuitos**.

Países que exigem o certificado internacional de vacinação

Afeganistão
África do Sul
Albânia
Angola
Anguila
Antígua e Barbados
Antilhas Holandesas
Arábia Saudita
Argélia
Austrália
Bahamas
Bahrein
Bangladesh
Barbados
Belize
Benin
Bolívia
Botsuana
Brasil
Brunei
Burkina Faso
Burundi
Cabo Verde
Camarões
Camboja
Cazaquistão
Chade
China
Colômbia
Congo
Coreia do Norte
Costa do Marfim
Costa Rica
Djibuti
Dominica
Egito
El Salvador
Equador
Eritreia
Etiópia
Fiji
Filipinas
Gabão
Gâmbia
Gana
Granada
Guadalupe
Guatemala
Guiana
Guiana Francesa
Guiné
Guiné Bissau
Guiné Equatorial
Haiti
Honduras
Iêmen
Ilhas Maurício
Ilhas Pitcairn
Ilhas Reunião
Ilhas Salomão
Ilhas Seicheles
Índia
Indonésia
Irã

Iraque
Jamaica
Jordânia
Kiribati
Laos
Lesoto
Líbano
Libéria
Líbia
Malásia
Madagascar
Malawi
Maldivas
Mali
Malta
Mauritânia
Moçambique
Montserrat
Myanmar
Namíbia
Nauru
Nicarágua
Níger
Nigéria
Niue
Nova Caledônia
Omã
Palau
Panamá
Papua Nova Guiné
Paquistão
Paraguai
Peru
Polinésia Francesa
Portugal
Quênia
República Centro- Africana
República Democrática do Congo
(Zaire)
Ruanda
Samoa
Santa Helena
Santa Lucia
São Cristóvão e Névis
São Tomé e Príncipe
São Vicente e Granadinas
Senegal
Serra Leoa
Singapura
Síria
Somália
Sri Lanka
Suazilândia
Sudão
Suriname
Tailândia
Tanzânia
Timor Leste
Uganda
Togo
Tonga
Trinidad e Tobago
Tunísia
Uruguai
Venezuela
Vietnã
Zimbábue
Zaire

Vacina contra caxumba

Normalmente é combinada com a do sarampo e a da rubéola (Vacina Tríplice Viral).

Idade – A partir de 12 meses. Segunda dose aos 4 ou 5 anos. Imuniza por toda a vida.

Indicação para viajantes – Se visitar áreas onde há surto de caxumba, recomenda-se dose de reforço.

Efeitos adversos – É bem tolerada. Pode causar febre, parotidite, orquite e meningite benigna após o décimo dia.

Vacina contra hepatite A

Idade – Para crianças e adultos. É aplicada em 2 doses com 6 meses de intervalo.

Indicação para viajantes – É indicada para crianças e adultos que vivem em locais de risco ou que viajam para locais de alta incidência da infecção. Como a transmissão se dá por alimentos contaminados por fezes de pessoas portadoras do vírus, todos os países subdesenvolvidos estão sob risco.

Reações adversas – Raras.

Vacina contra hepatite B

Idade – A partir do nascimento, em 3 doses: a segunda um mês após a primeira, e a terceira, 6 meses após a primeira.

Indicação para viajantes – Para imigrantes de áreas endêmicas ou viajantes para locais com infecção ativa, como a Amazônia ou o Alasca. A transmissão se dá por sangue, secreção vaginal e esperma. Usuários de drogas, indivíduos com vida sexual promíscua e parceiros de portadores crônicos de hepatite B também devem se vacinar.

Reações adversas – Dor no local, febre baixa. Raros eventos adversos.

Vacina contra *influenza*

Idade – De 6 meses em diante.
Indicação para viajantes – Quando há epidemias gripais na rota do viajante ou este tem facilidade de contrair gripes e resfriados.
Reações adversas – Febre, dor local e alergias.

Vacina contra pneumonia

Idade – Devem receber a vacina crianças com mais de 2 anos, em 3 doses com intervalos de 2 meses.
Indicação para viajantes – Em idosos com mais de 65 anos ou quando há outras predisposições para pneumonia.
Reações adversas – Febre.

Vacina contra poliomielite

Idade – Está indicada de 2 meses em diante, feita por via oral (2 gotas) em 3 doses com intervalos de 2 meses. Dois reforços são necessários aos 15 meses e entre 4 e 6 anos.
Indicações para viajantes – Em casos de exposição à poliomielite em país de terceiro mundo, o viajante deve certificar-se de que recebeu todas as doses e já está imunizado. Caso contrário, deve ser feito reforço.
Reações adversas – Raros casos de paralisia.

Vacina contra raiva

O cão é o principal transmissor, além de gatos e morcegos.

Devemos diferenciar dois tipos de acidentes na contaminação: os graves e os leves.

Acidentes graves são ferimentos profundos em áreas como pés e mãos, cabeça, mucosas. Todos os acidentes com morcegos são considerados graves.

Acidentes leves são ferimentos superficiais no tronco e nos membros, exceto mãos e pés.

Há duas situações distintas que determinam condutas diferentes:

1. Se o animal estiver desaparecido, tiver morrido ou não puder ser observado por 10 dias:

a) Se a lesão é leve, deve-se unicamente vacinar.

b) Se a lesão é grave, deve-se vacinar e tomar soro antirrábico.

2. Se o animal estiver bem após 10 dias, não é necessário tratamento.

A vacina é usada para tratar e prevenir acidentes leves. Pode apresentar reação adversa neurológica.

O soro antirrábico é usado para tratar acidentes graves em associação com a vacina. Pode causar alergia grave (anafilaxia).

Indicações para viajantes – Vacinar em 3 doses com intervalo de 7 dias se houver chance de exposição a animais contaminados durante a viagem.

Vacina contra sarampo

Normalmente é administrada em combinação com rubéola e caxumba (Tríplice Viral).

Idade – Aplicar a vacina tríplice viral aos 12 meses de idade, com reforço entre 4 e 6 anos.

Indicações para viajantes – Recomenda-se vacinar todos os indivíduos entre 1 e 39 anos de idade que se dirijam a países onde há circulação de vírus: Alemanha, Inglaterra, Irlanda, Itália, Venezuela, Colômbia, Japão, Coreia do Sul, Filipinas, Paquistão, Haiti, República Dominicana, Quênia, Índia e Nova Guiné. No Brasil, desde o ano 2000 não há mais circulação do vírus.

Recomenda-se vacinar contra o sarampo as pessoas que mantêm contato com indivíduos procedentes dos países acima, principalmente profissionais de turismo, aeroviários e agentes federais.

Efeitos adversos – Febre alta.

Vacina contra tuberculose

Vacina BCG (Bacilo de Calmette-Guérin), intradérmica, em dose única.

Idade – Crianças de 0 a 4 anos. Adultos em qualquer idade.

Indicações para viajantes – Indivíduos que viajarão por áreas com grande incidência de tuberculose e AIDS devem vacinar-se. A AIDS condicionou o reaparecimento da tuberculose no mundo devido à baixa da imunidade do organismo.

Efeitos adversos – Pode causar abscesso no local.

Vacina contra meningite

Idade – Aplicar a partir de 2 meses de idade. Antes dos 12 meses, em 3 doses com intervalo de 1 mês. Após 12 meses, aplicar dose única.

Indicações para viajantes – Quando em visita a região com doença epidêmica, deve haver vacinação.

Reações adversas – Reações alérgicas e no local da aplicação, com edema, eritema etc.

Capítulo 17

SITES COM INFORMAÇÕES SOBRE VIAGENS

www.viajeaqui.com.br – Site de viagem e turismo, com reprodução das revistas *Viagem*, *Guia 4 Rodas* e *National Geographic Brasil*, além de um extenso material exclusivo, com fotos, depoimentos de viajantes, dicas dos melhores restaurantes, atrações, praias, hotéis, roteiros de viagens, serviços turísticos, estradas e muito mais.

www.anac.gov.br – Portal oficial da Aviação Civil Brasileira. Contém um guia com a legislação, os direitos e deveres dos passageiros, o que pode e não pode ser transportado, além de plano de assistência a familiares de vítimas de desastres aéreos. Contém também uma lista das principais empresas aéreas.

www.decolar.com – Diversas dicas práticas para os viajantes: mapas, conversão de moeda, guias de viagens, reportagens turísticas, clima em diversas localidades, artigos para viagem. Ofertas de reservas em voos, pacotes, aluguel de automóveis, hotéis e resorts. Pacotes nacionais e internacionais para planejar viagens com antecedência em feriados.

www.revistaturismo.com.br – Portais com dicas de viagem, ecoturismo, notícias turísticas e matérias especiais. Listagem dos órgãos de turismo do Brasil.

www.proximaviagem.edicaoeletronica.com.br – Dicas sobre ligações telefônicas, de como viajar com seu animal de estimação. Informações de como alugar um carro ou usar o transporte público fora do país, perguntas e respostas sobre as novas regras de segurança nas viagens. Dicas práticas sobre passaportes e visto de

aeroportos. Curiosidades e dados sobre como usar dinheiro pelo mundo afora. Dicas para se aprender um idioma – e muito mais.

www.uol.com.br/viagem – Ajuda a planejar viagens pela América do Norte, América Central, Caribe, América do Sul, Europa, Ásia, África e Oceania. Dicas ao levar crianças, condições do tempo no mundo, cruzeiros, mapas, notícias. Disponibiliza também um dicionário básico de viagem e um conversor de medidas.

www.aviagem.com.br – Links com informações de reservas de passagens aéreas, hotel, locadora de carros, cursos, seguro de viagens. Dicas para fazer a viagem sob medida, com sugestões de pacotes, resorts nacionais e internacionais, parques, feiras e eventos. Apresenta serviços como o tempo em diversas localidades, câmbio e conversor de moedas, informações de metrôs e trens. Lista de consulados, vacinas, passaportes, documentos. Mostra o que fazer na hora de transportar animais, cálculo de custos em seguro de viagem.

www.mochilaosemfronteiras.com – O Mochilão Sem Fronteiras ajuda os aventureiros nas viagens para o exterior, dando dicas de como preparar o seu mochilão, os melhores albergues disponíveis, como curtir sua viagem ao extremo, alimentação, imigração, segurança, comunicação.

www.portalconsular.mre.gov.br – Portal de ajuda do Ministério das Relações Exteriores a brasileiros que estão fora do país. Fornece informações sobre legislação consular, países, como agir em caso de emergência, além dos endereços e telefones das Embaixadas e Consulados do Brasil pelo mundo.

www.imagensviagens.com – Mostra fotos e a história dos principais pontos turísticos no Brasil e no mundo. Ótima opção para descobrir quais lugares fazem mais o seu estilo.

maps.google.com.br – Localiza endereços e locais em todo o mundo, fornecendo rotas e distâncias.

Capítulo 18

SITES DE PREVISÃO METEOROLÓGICA

www.cptec.inpe.br – Centro de Previsão de Tempo e Estudos Climáticos do Instituto Nacional de Pesquisas Espaciais (CPTEC/INPE). Apresenta boletins, avisos meteorológicos, dados observacionais, imagens via satélite, previsão do tempo em todo o Brasil, análises quinzenais e tendências climáticas. Oferece cursos de pós-graduação (mestrado e doutorado) em meteorologia de excelente qualidade.

br.weather.com – Previsão do tempo por região: Brasil, América do Sul, América Central, América do Norte, Europa, África, Ásia, Oceania e Oriente Médio. Previsões de diversas cidades do Brasil. Tempo do dia e previsão para mais quatro dias: temperatura máxima e mínima, umidade, visibilidade, médias e registros. Destaque para as fotos coloridas de satélite em movimento.

www.mar.mil.br/dhn – Diretoria de Hidrografia e Navegação da Marinha do Brasil (DHN). Nesta página, você terá acesso aos serviços que a DHN presta ao público, como, por exemplo, informações meteorológicas, dados oceanográficos, avisos aos navegantes e catálogo de cartas náuticas da área de sua jurisdição. Atualizado diariamente.

www.somarmeteorologia.com.br/index_somar.html – Southern Marine Weather Services (SOMAR). Consultoria e serviços de previsão de tempo e clima para a América do Sul, utilizando técnicas de modelos matemáticos, voltados para fenômenos de escala regional. Previsão do tempo de cidades de todo o país e fotos de satélite com detalhes sobre áreas de previsão de chuva, frentes, centros de alta e de baixa pressão.

www.inmet.gov.br – Instituto Nacional de Meteorologia (INMET), órgão do Ministério da Agricultura, Pecuária e Abastecimento (MAPA). O INMET é responsável pela meteorologia no Brasil, representando o país junto à Organização Meteorológica Mundial (OMM). Com mais de 400 estações meteorológicas de superfície distribuídas pelo território nacional em 10 distritos regionais, o INMET coleta diariamente dados como temperatura, chuvas e velocidade dos ventos, para que os meteorologistas encarregados da previsão do tempo trabalhem com segurança. O instituto conta com avançada tecnologia de recepção de imagens de satélites. Sofisticados supercomputadores compõem o Centro de Computação Meteorológica de Alto Desempenho (CCMAD), que opera o Modelo Brasileiro de Alta Resolução (MBAR), o modelo de previsão numérica do tempo com a mais alta resolução para a América Latina.

www.redemet.aer.mil.br – Rede de Meteorologia do Comando da Aeronáutica. Voltada para a aviação civil e militar. Disponibiliza as informações meteorológicas oficiais para documentação de voo. Requer um pouco de conhecimento sobre as simbologias e códigos aplicados nas informações meteorológicas.

www.simepar.br – Instituto Tecnológico SIMEPAR, do Paraná. Imagens de Radar Doppler num raio de 480km de Curitiba (Norte e Nordeste do Rio Grande do Sul e cobertura completa para Santa Catarina, Paraná e São Paulo). Informações sobre descargas elétricas e previsão do tempo para todo o estado do Paraná.

ciram.epagri.sc.gov.br – Centro Integrado de Meteorologia e Recursos Hídricos de Santa Catarina. Previsão do tempo com imagens de satélite, cartas de previsão de chuvas e de vento e previsão trimestral do clima.

www.master.iag.usp.br – Página da MASTER (Meteorologia Aplicada a Sistemas de Tempo Regionais) muito interessante e de grande conteúdo explicativo. Contém previsão do modelo regional e global, imagens de satélite, cartas de previsão.

www.wsys.com.br – Weather System, empresa que desenvolve serviços e consultoria em meteorologia para todo o Brasil. Atua de forma especializada e diferenciada de acordo com a necessidade de empresas públicas e privadas com previsão de tempo e clima para diversas áreas, como agricultura (temperatura, chuva, geadas, granizo etc.), aviação, indústria, comércio, construção, turismo e telecomunicação, utilizando técnicas de modelagem numérica e informações meteorológicas. Destaque para o link "Aprenda mais sobre meteorologia".

www.wmo.ch/index-en.html – Organização Meteorológica Mundial (OMM), entidade das Nações Unidas para meteorologia e hidrologia, responsável por coordenar todas as atividades científicas relacionadas à meteorologia no mundo.

www.noaa.gov – National Oceanic and Atmospheric Administration (NOAA). Previsões e informações meteorológicas de todo o mundo. Muito interessante para entusiastas e profissionais das áreas de meteorologia e oceanografia. Entre outras curiosidades, avisos de tsunamis (ondas gigantes), ressacas, furacões e informações sobre fenômenos que ocorrem no espaço, como a condição dos ventos solares em tempo real e tempestades geomagnéticas e solares.

www.climatempo.com.br – Fornece a meteorologia em tempo real, e para os próximos cinco dias, ao redor do mundo, com informações sobre umidade, probabilidade de chuva e dados importantes sobre o tempo durante o dia.

Capítulo 19

SITES DE SAÚDE EM VIAGEM

info.doctorglobal.com – Especialidades clínicas.

www.thetraveldoctor.com – Baseado e especializado em medicina para viagens. Informações detalhadas sobre destino, incluindo doenças de risco, medidas de segurança, avaliações médicas, áreas a evitar etc.

www.cdc.gov – Links de conselhos para viajantes e para aqueles que ficam em casa. A sessão mais utilizada é a de "Saúde em viagem", com dicas sobre imunização, doenças específicas, viagens com crianças, viagens com necessidades especiais e "Tópicos de saúde de A a Z". Acessível em inglês e espanhol.

www.tripprep.com – Informações sobre doenças específicas. Comentários sobre riscos de saúde de país por país. Destaque para a seção de "Informações de destino".

www.who.int – Site sobre doenças e implementação de programas de educação em doenças em viagens da Organização Mundial de Saúde.

www.wtgonline.com – Versão on-line do Guia Internacional de Viagens, da American Columbus Publishing Company.

www.doh.gov.uk/traveladvice/ – Recomendações de imunizações e prevenções de doenças.

www.dfait-maeci.gc.ca – Artigos para mulheres viajantes em francês ou inglês.

Capítulo 20

GLOSSÁRIO PORTUGUÊS-INGLÊS COM PALAVRAS DA ÁREA DA SAÚDE

Abscesso – abscess
Aborto – abortion
Absorventes higiênicos – sanitary napkins
Aerofagia – air swallowing
Alergia – allergy
Amamentação – breast feeding
Amigdalite – tonsillitis
Analgésicos – painkillers
Antiácidos – antiacids
Anemia – anaemia
Angina – angina
Antibióticos – antibiotics
Antidiarreicos – antidiarrheals
Antieméticos – antiemetics
Antifúngicos – antifungals
Anti-histamínicos - antihistamines
Apendicite – appendicitis
Apneia do sono – sleep apnea
Arritmia cardíaca – cardiac arrythmia
Artrite – arthritis
Asia – heartburn
Asma – asthma
Aspirina – aspirin
Ataque cardíaco – heart attack
Batimento cardíaco – heart beat
Bexiga – bladder
Bronquite – bronchitis
Cabelo – hair
Cãibras – cramps
Câncer de ... – cancer of...
Caxumba – mumps
Cirurgia de coronária – coronary bypass surgery
Cistite – cystites
Coágulo sanguíneo – blood clots
Contraindicado – contraindicated
Convulsões – seizures
Coração – heart
Cordas vocais – vocal cords
Corticoides – steroids
Costelas – ribs
Derrame cerebral – stroke
Descongestionante nasal – nasal descongestant
Desidratação – dehydration
Desmaio – fainting
Diarreia – diarrhea
Diagnóstico – diagnosis
Diurético – diuretic
Doença coronária – coronary disease
Dor abdominal – belly pain
Dor de cabeça – headache
Dor de garganta – sore throat
Dor de ouvidos – earache
Dor nas costas – back pain
Dor no cotovelo – elbow pain
Dor nas pernas – leg pain
Dor nos pés – foot pain
Dor torácica – chest pain
Edema dos membros – swelling of limbs
Edema pulmonar – pulmonary edema

Enjoo e mareio (carro e avião) – motion sickness
Enxaqueca – migraine headaches
Epilepsia – epilepsy
Erupção cutânea – skin rush
Esôfago – esofagus
Espirro – sneezing
Estômago – stomach
Exercício – exercise
Falta de ar – shortness of breath
Febre – fever
Fezes – stool
Fibra – fiber
Fígado – liver
Flebite – phlebitis
Fraqueza – weakness
Fratura – fracture
Fratura de crânio – fractured skull
Frequência cardíaca – heart rate
Ganho de peso – weight gain
Garganta – throat
Gastrite – gastritis
Gastroenterite – gastroenteritis
Glicose no sangue – blood suggar
Gravidez – pregnancy
Gravidez ectópica – ectopic pregnancy
Gripe – cold
Grupo sanguíneo – blood group
Hematomas – bruises
Hemorragia – hemorrhage
Hemorroidas – hemorrhoids
Hepatite – hepatitis
Hérnia – hernia
Hormônios – hormones
Icterícia – jaundice
Inchado/edemaciado – swollen
Infarto do miocárdio – myocardial infarction
Infecção bacteriana – bacterial infections
Infecção urinária – urinary infection
Infecção viral – viral infections
Insônia – insomnia
Insuficiência cardíaca – heart failure
Intestino – bowel
Intravenoso – intravenous
Labirintite – labyrinthitis
Laringe – larynx
Laxativos – laxatives
Lenços úmidos – wet towel / moist napking
Lesão cerebral – brain injury
Leucemia – leukemia
Língua – tongue
Mal-estar – malaise
Mama – breast
Medicamentos – drugs
Menopausa – menopause
Menstruação – menstrual periods
Náusea – nausea
Nódulos – nodules
Olhos – eyes
Osteoporose – osteoporosis
Ouvidos – ears
Ovários – ovaries
Palpitações – palpitations
Pele – skin
Perda de apetite – loss of appetite
Perda de cabelo – hair loss
Perda de memória – memory loss
Perda de peso – weight loss
Picada de inseto – insect bites
Pílula anticoncepcional – birth control pills
Pneumonia – pneumonia
Pneumotórax – pneumothorax
Pressão alta – high blood pressure / hipertension
Pressão arterial – blood pressure
Prisão de ventre – constipation
Próstata – prostate
Prostatite – prostatitis
Prurido – itching

Pulmão – lung
Pulso – pulse
Purulento – purulent
Pus – pus
Rins – kidneys
Sangramento – bleeding
Sangramento nasal – nose bleeding
Sangramento vaginal – vaginal bleeding
Sangue – blood
Sangue na urina – blood in urine
Sangue nas fezes – blood in stools
Sarampo – measles
Sedativos – sedatives
Sede – thirst
Sífilis – syphilis
Sintomas – symptoms
Sistema urinário – genitourinary tract
Sobrevida – life expectancy
Sonolência – somnolence
Sopro cardíaco – heart murmur
Sudorese – sweating
Suplementos vitamínicos – vitamin supplements
Supositório – suppository
Surdez – hearing loss
Temperatura corporal – body temperature
Tendinite – tendinitis
Termômetro – thermometers
Testa – forehead
Testículos – testicles
Tímpano – eardrum
Tranquilizantes – tranquilizers
Tratamento – treatment
Tremores – tremors
Ulcera gástrica – gastric ulcer
Unha – nail
Unha do pé – toe nail
Urina – urine
Vacinas – vaccines, shots
Varicela – small pox
Varíola – chicken pox
Vesícula biliar – gall bladder
Vômitos – vomiting
Zumbido – tinnitus

Agradecimentos

Alberto Dubal, Alexandre Grendene Bartelle, Celia Ribeiro, Clóvis Tramontina, Diego Barrionuevo, Dr. Jorge Castro, Dr. Juarez Cunha, Dr. Roberto Mayer, Elisabete Fleck, Flávio Del Mese, Ivo Stigger, Lourenço Castellan, Maria Amélia Vargas, Roberto Conte e Rui e Doris Spohr.

Sobre o autor

Nascido em Farroupilha, RS, em 1947, dr. Fernando Lucchese preparou-se desde cedo para a carreira diplomática, dedicando-se ao aprendizado de cinco idiomas, estimulado pela forte influência que exerceu sobre ele sua passagem pelo seminário na adolescência.

Sua carreira diplomática foi abandonada instantaneamente quando, no cursinho pré-vestibular para o Instituto Rio Branco (Escola de Diplomatas), tomou contato com a circulação extracorpórea apresentada durante uma aula de biologia. Lucchese deslumbrou-se com o que lhe pareceu, no início, pura ficção científica e decidiu ser cirurgião cardiovascular.

Entrou para a Faculdade de Medicina da Universidade Federal do Rio Grande do Sul, graduando-se em 1970, com 22 anos de idade.

Depois de graduado fez sua formação de cirurgião cardiovascular no Instituto de Cardiologia do Rio Grande do Sul e na Universidade do Alabama, em Birmingham, Estados Unidos.

De volta ao Brasil dedicou-se à atividade de cirurgião cardiovascular e chefe da Unidade de Pesquisa do Instituto de Cardiologia. Chegou à direção daquele Instituto, quando então, promoveu grande transformação, duplicando suas instalações e investindo em tecnologia.

Foi também nesse período que assumiu a Presidência da Fundação de Amparo à Pesquisa do Estado do Rio Grande do Sul (FAPERGS).

Depois de ser chefe do Serviço de Cardiologia do Hospital Mãe de Deus, transferiu-se para a Santa Casa, onde dirige desde 1988 o Hospital São Francisco de Cardiologia.

Lucchese reuniu, com a equipe do Instituto de Cardiologia, e posteriormente com sua própria equipe no Hospital São Francisco, uma experiência de mais de 25 mil cirurgias cardíacas e 70 transplantes do coração.

Lucchese iniciou-se no mundo editorial pela tradução de dois livros de medicina em língua inglesa, passando à publicação de três livros de medicina que atingiram tiragem recorde, um deles publicado em inglês.

Movido pelo desejo de contribuir com a prevenção de doenças, publicou os seguintes livros para o público em geral:

Pílulas para viver melhor; *Pílulas para prolongar a juventude*; *Comer bem, sem culpa* (com Anonymus Gourmet e Iotti); *Desembarcando o diabetes*; *Boa viagem!*; *Desembarcando o sedentarismo* (com Claudio Nogueira de Castro); *Desembarcando a hipertensão*; *Desembarcando o colesterol* (com sua filha, Fernanda Lucchese), *Desembarcando a tristeza*, *Dieta mediterrânea* (com Anonymus Gourmet), *Fatos & mitos sobre a sua saúde* e *Confissões & conversões*.

Os livros do dr. Lucchese venderam cerca de meio milhão de cópias.

Lucchese costuma invocar a ajuda de Deus em suas cirurgias, considerando-se somente um instrumento na mão d'Ele. Acredita que o cirurgião-cientista frio deve ser substituído pelo médico preocupado não só com a saúde do coração de seus pacientes mas também com sua vida emocional, afetiva, familiar, profissional e espiritual.

ENCYCLOPÆDIA é a nova série d[a] Coleção L&PM POCKET, que traz livro[s] de referência com conteúdo acessíve[l,] útil e na medida certa. São tema[s] universais, escritos por especialistas d[e] forma compreensível e descomplicada.

PRIMEIROS LANÇAMENTOS: **Acupuntura**, Madeleine Fiévet-Iza[rd,] Madeleine J. Guillaume e Jean-Claude de Tymowski – **Alexandre, o grand[e]**, Pierre Briant – **Budismo**, Claude B. Levenson – **Cabala**, Roland Goetsch[ell –] **Capitalismo**, Claude Jessua – **Cleópatra**, Christian-Georges Schwentz[el –] **A crise de 1929**, Bernard Gazier – **Cruzadas**, Cécile Morrisson – **Economi[a em] 100 palavras-chave**, Jean-Paul Betbèze – **Egito Antigo**, Soph[ie] Desplancques – **Escrita chinesa**, Viviane Alleton – **Existencialismo**, Jacqu[eline] Colette – **Geração Beat**, Claudio Willer – **Guerra da Secessão**, Farid Ame[ur –] **Império Romano**, Patrick Le Roux – **Impressionismo**, Dominique Lobst[ein –] **Islã**, Paul Balta – **Jesus**, Charles Perrot – **Marxismo**, Henri Lefebvre [–] **Mitologia grega**, Pierre Grimal – **Nietzsche**, Jean Granier – **Paris: um[a] história**, Yvan Combeau – **Revolução Francesa**, Frédéric Bluche, Stéphan[e] Rials e Jean Tulard – **Santos Dumont**, Alcy Cheuiche – **Sigmund Freu[d]**, Edson Sousa e Paulo Endo – **Tragédias gregas**, Pascal Thiercy – **Vinh[o]**, Jean-François Gautier

L&PM POCKET **ENCYCLOPÆDIA**
Conhecimento na medida certa